人类命运共同体

中国人的世界梦

Chinese People's World Dream

李君如 著

人民日报出版社
北京

图书在版编目（CIP）数据

人类命运共同体：中国人的世界梦 / 李君如著. —北京：人民日报出版社，2020.8

ISBN 978-7-5115-6531-0

Ⅰ.①人… Ⅱ.①李… Ⅲ.①国际关系－文集 Ⅳ.①D81-53

中国版本图书馆CIP数据核字（2020）第181714号

书　　名：	人类命运共同体：中国人的世界梦 Renlei Mingyun Gongtongti：Zhongguoren de Shijiemeng
著　　者：	李君如
出 版 人：	刘华新
责任编辑：	万方正
封面设计：	主语设计
出版发行：	人民日报出版社
社　　址：	北京金台西路2号
邮政编码：	100733
发行热线：	（010）65369527　65369846　65369509　65369510
邮购热线：	（010）65369530　65363527
编辑热线：	（010）65369533
网　　址：	www.peopledailypress.com
经　　销：	新华书店
印　　刷：	北京朝阳印刷厂有限责任公司
开　　本：	710mm×1000mm　　1/16
字　　数：	220千字
印　　张：	15.5
印　　次：	2020年11月第1版　2020年11月第1次印刷
书　　号：	ISBN 978-7-5115-6531-0
定　　价：	46.00元

坚持推动构建人类命运共同体。中国人民的梦想和各国人民的梦想息息相通，实现中国梦离不开和平的国际环境和稳定的国际秩序。必须统筹国内国际两个大局，始终不渝走和平发展道路、奉行互利共赢的开放战略，坚持正确义利观，树立共同、综合、合作、可持续的新安全观，谋求开放创新、包容互惠的发展前景，促进和而不同、兼收并蓄的文明交流，构筑尊崇自然、绿色发展的生态体系，始终做世界和平的建设者、全球发展的贡献者、国际秩序的维护者。

——习近平：《决胜全面建成小康社会
夺取新时代中国特色社会主义伟大胜利》

目录

序言　中国人的世界梦

一　中国梦和世界人民的梦想相通

中国共产党对人类的责任　// 003

中华民族近代以来最伟大的梦想　// 012

中国梦是和平发展合作共赢之梦　// 018

二　构建人类命运共同体的世界梦

习近平新时代中国特色社会主义思想的历史定位和世界意义　// 037

习近平外交思想是马克思主义中国化的全方位外交思想　// 042

构建人类命运共同体的坚实基础　// 048

中国发展新理念新实践为国际广泛合作提供新机遇　// 051

三　统筹国内国际两个大局

以战略眼光把握中国与世界　// 059

携手共建南南命运共同体　// 062

四 树立共同、综合、合作、可持续的新安全观

为化解地区冲突加强安全合作　// 069

非传统安全与新安全观　// 073

为人类和平利用南极做贡献　// 078

中国在解决海上安全问题上的原则　// 083

五 构建人类命运共同体的伟大实验

在推进"一带一路"研究中构建面向21世纪的中国国际关系理论　// 089

推进"一带一路"理论建设的三点思考　// 094

"一带一路"倡议是构建人类命运共同体的伟大实验　// 100

"一带一路"和新一轮经济全球化　// 107

让我们共同建设"文化一带一路"　// 113

在中华文明和伊斯兰文明的交流中推进"丝绸之路"经济带建设　// 119

六 尊重和保障人权也是推进人类命运共同体建设

经济全球化新阶段和人权事业发展新机遇　// 125

新时代中国共产党人权思想的集中体现　// 135

新中国人权事业经验对于发展中国家人权事业的意义　// 142

历史性的进步　// 146

七 不同社会制度的国家更要增进战略互信

在共同利益基础上建立中美战略互信　// 159

目 录

中国奇迹和中加关系　// 162
加强人文交流　增进中澳互信　// 167

八　在推进"生命共同体""人类卫生健康共同体"建设中构建人类命运共同体

习近平生态文明思想是建设美丽中国的行动指南　// 173
深刻认识疫情防控这次大考　// 179
同在地球村，健康共命运　// 185

九　"读懂中国"和"读懂世界"相辅相成

中美关系：在"读懂中国"中消弭美对华误解　// 201
读懂中国，就要了解中国人的世界观　// 219
开放性的媒体与大众化的理论　// 224

后　记　// 230

序│言

中国人的世界梦

习近平总书记指出:"中国共产党是为中国人民谋幸福的政党,也是为人类进步事业而奋斗的政党。中国共产党始终把为人类作出新的更大的贡献作为自己的使命。"① 中国共产党不仅有实现中华民族伟大复兴的中国梦,也有为人类进步事业奋斗的世界梦。这个梦想,就是在中国和平发展道路上和世界人民一起构建人类命运共同体。

"中国和平发展道路"和"人类命运共同体"

改革开放是中国发展的强大动力。特别是在中国开辟了中国特色社会主义道路,建立了社会主义市场经济体制,并全面参与经济全球化后,把中国社会内在的活力极大地激发了出来,很快就进入了经济快速发展的轨道。在中国人民为自己取得的历史性进步欢欣鼓舞的时候,国际社会有些人却忐忑不安。于是,"中国威胁论""中国崩溃论"就出现了。对于中国来讲,这也是一个全新的问题:一个日益强大的中国,如何和世界相处?

为回答这个问题,在进入21世纪之初,中国就已经向世界宣布:中国

---

① 习近平:《决胜全面建成小康社会 夺取新时代中国特色社会主义伟大胜利》,人民出版社2017年10月版,第57—58页。

将始终不渝走和平发展道路。这既是中国现代化的经验，也是中国文化的要求。显然，这是一条不同于历史上一些国家通过殖民主义或发动战争来实现本国现代化的道路，更不是一条国家强大后就要称霸世界的道路。中国共产党是对世界和人类负责的党，郑重地把这条道路写进了自己的党代会报告。

中国宣示始终不渝走和平发展道路，不仅是要坚持自己和平发展，而且还要致力于维护世界和平，积极促进世界各国形成共同发展繁荣的命运共同体。

中国的战略是透明的。早在2011年9月6日国务院新闻办公室发布的《中国的和平发展》白皮书中，就已经昭告天下：坚持走和平发展道路的中国，将"以命运共同体的新视角，以同舟共济、合作共赢的新理念，寻求多元文明交流互鉴的新局面，寻求人类共同利益和共同价值的新内涵，寻求各国合作应对多样化挑战和实现包容性发展的新道路"。中国提出"命运共同体"的"新视角"，是有根据的。这是因为，经济全球化的实践已经证明，我们可以把中国人民的利益同世界各国人民的共同利益结合起来，扩大同各方利益的汇合点，同各国各地区建立并发展不同领域不同层次的利益共同体，推动实现全人类共同利益，共享人类文明进步成果。因此，中国宣布，不同制度、不同类型、不同发展阶段的国家可以相互依存、利益交融，形成"你中有我、我中有你"的命运共同体。①

中国的这一主张，不仅通过白皮书昭告天下，而且写进了党的十八大报告。在中国，党代会报告在政治上具有最高的权威性。党的十八大报告指出："我们主张，在国际关系中弘扬平等互信、包容互鉴、合作共赢的精神，共同维护国际公平正义。""合作共赢，就是要倡导人类命运共同体意识，在追求本国利益时兼顾他国合理关切，在谋求本国发展中促进各

---

① 国务院新闻办公室：《中国的和平发展》白皮书（2011年9月6日）。

国共同发展,建立更加平等均衡的新型全球发展伙伴关系,同舟共济,权责共担,增进人类共同利益。"①

也就是说,对于一个日益强大的中国,如何和世界相处的问题,中国已经给出了明确的答案。这就是:始终不渝走和平发展道路,和世界上不同制度、不同类型、不同发展阶段的国家相互依存、利益交融,形成"你中有我、我中有你"的命运共同体。

中国梦和世界梦

中华民族是一个有梦想、有追求的民族。习近平总书记明确指出:"实现中华民族伟大复兴,就是中华民族近代以来最伟大的梦想。"②经过鸦片战争以来一百多年的艰苦奋斗,特别是经过最近几十年改革开放,现在我们离实现这个梦想越来越近了。与中国梦相联系,我们中国人还有一个世界梦,这就是期盼未来的世界是一个休戚与共的人类命运共同体。

习近平总书记多次说过,中国梦的基本内涵和本质是实现国家富强、民族振兴、人民幸福。与此同时,习近平总书记也多次说过,实现中国梦不仅造福中国人民,而且造福世界人民。

为什么说中国梦能够造福于世界人民呢?

这首先是因为,中国梦既是中国人民追求幸福的梦,也同世界人民的梦想息息相通。世界上许多国家特别是发展中国家都有自己富国强国的梦想,中国人民在实现中国梦的过程中,将同世界各国人民的梦想对接,把中国的利益和其他国家的利益结合起来,推动各国人民更好地实现自己的梦想。

其次是因为,中国梦来自中华民族近代以来遭受的民族磨难,这也使中国人民更为深切地懂得"己所不欲,勿施于人"的道理,决不能让别人

---

① 《十八大以来重要文献选编》(上),中央文献出版社2000年1月版,第36-37页。
② 《习近平谈治国理政》(第一卷),外文出版社2018年1月版,第36页。

也遭受中国人经历过的磨难。中国人民追求的是民族复兴,而不是民族复仇。我们决不会允许任何人欺负中国人民,但也决不会欺负别国人民。

再次是因为,中国梦是通过和平发展的道路实现的,而不是通过掠夺和战争实现的,因此,我们在实现中华民族伟大复兴的道路上断然拒绝"国强必霸"的逻辑,愿意同世界各个国家的人民一起共同建设一个和平的世界。

正因为这个道理,中国梦不仅指的是中国人的梦想,而且已经内在地包含了中国人对世界的梦想。

什么是中国人对世界的梦想呢?

习近平总书记说过,我们要努力建设一个远离恐惧、普遍安全的世界,要努力建设一个远离贫困、共同繁荣的世界,要努力建设一个远离封闭、开放包容的世界,要努力建设一个山清水秀、清洁美丽的世界。这样一个持久和平、普遍安全、共同繁荣、开放包容、清洁美丽的世界,就是党的十八大以来习近平总书记在国际社会大力倡导和推动的"人类命运共同体"世界理念。

2013年3月23日,中国国家主席习近平在俄罗斯莫斯科国际关系学院演讲时,系统阐述了中国对当今世界的基本看法和基本观点。就在这个演讲中,他强调:"人类生活在同一个地球村里,生活在历史和现实交汇的同一个时空里,越来越成为你中有我、我中有你的命运共同体。"[1]这是中国领导人在党的十八大后,第一次在国际讲坛上向世界发出的构建人类命运共同体的倡议。

由此可见,我们中国人不仅有一个实现中华民族伟大复兴的中国梦,还有一个和世界人民一起构建人类命运共同体的世界梦。而且,这两个梦想是完全相通的。

---

[1]《习近平谈治国理政》(第一卷),外文出版社2018年1月版,第272页。

"多极化"世界和"人类命运共同体"

在和平、发展、合作、共赢的时代潮流推动下，当今世界正面临百年未有之大变局。经历了两次世界大战和近半个世纪冷战，在两极格局终结后，国际关系出现了深刻的大变革大调整。与此同时，两个相互联系的重大问题摆到了我们面前：一是在两极格局终结后的世界往哪里去；二是如何建设两极格局终结后的世界。

两极格局终结后的世界往哪里去？这是许多国家的战略家、政治家最关心的问题，他们在两极格局终结后提出了一系列影响很大的观点。一是福山在"历史终结论"中提出的，世界将形成由西方自由主义主宰的格局；二是布热津斯基在《大棋局》中提出的，美国在解决能源控制和自身道德形象等问题后可以成为唯一的超级大国；三是基辛格提出的，世界将形成美、欧、中、俄、日和印度等大国均势平衡的格局。这些构想的共同特点，是认为两极格局终结后的国际关系依然是由西方特别是由美国主导的，并且认为一旦中国崛起就将引起世界均势的变化，从而给世界稳定造成压力。"文明冲突论"的提出者亨廷顿就是这么认为的。

中国则认为，两极格局终结后，各种力量将重新分化组合，世界也将会朝着多极化方向发展。邓小平同志还说过："所谓多极，中国算一极。中国不要贬低自己，怎么样也算一极。"[①]当中国在两极格局终结后提出"多极化"趋势的观点后，许多人对此并不以为然，但是在中国建立社会主义市场经济体制并全面参与经济全球化后，中国经济在改革开放推动下进入快速发展的轨道，并参与了全球经济治理，很快就成为世界第二大经济体。世界往"多极化"方向发展的趋势日益呈现出来。值得注意的是，这种多极化，既不是中美两极化，也不是传统的中美俄大三角或中美欧新三角，而是在世界各种力量分化重组后的多极化。在当今世界，西方

---

① 《邓小平文选》（第三卷），人民出版社1993年10月版，第353页。

的分化之势已经显现；俄罗斯经历蜕变后在世界将重新发挥重要作用；特别是，中国和一批发展中国家共同和平崛起，已经对世界经济和全球治理做出重要贡献。这就是我们生活和面对的世界现实。与此同时，尽管"中国威胁论""中国崩溃论"此起彼伏，美国还先后提出"重返亚太"和"美国优先"，试图在全球范围遏制中国的发展，力图改变"多极化"的趋势，但是，"多极化"的世界趋势谁也改变不了，这就叫作时代潮流。

如何建设两极格局终结后的"多极化"的世界？这个问题，要比分析和判断"两极格局终结后的世界往哪里去"更难。延续冷战思维，或者继续由美国来主导国际社会，实际上已经不可能。正如许多人分析的那样，西方的治理理念、体系和模式不仅越来越难以适应新的国际格局和时代潮流，而且连他们自身的问题都解决不了。2008年美国次贷危机引发国际金融危机后，之所以要依靠G20来化解矛盾，就是因为他们的G7全球治理体系已经失灵。正是在这样的背景下，国际社会迫切呼唤新的全球治理理念，构建新的更加公正合理的国际体系和秩序，开辟人类更加美好的发展前景。

习近平总书记以大国领袖的责任担当，深入思考了"建设一个什么样的世界、如何建设这个世界"等关乎人类前途命运的重大课题，向世界发出了构建人类命运共同体的倡议，并在不同场合对构建人类命运共同体进行了重要阐述，形成了科学完整、内涵丰富、意义深远的思想体系。特别是在经济全球化的领头羊美国出现逆全球化思潮、各个国家出现极大思想混乱的关键时刻，2017年1月18日，中国国家主席习近平在联合国日内瓦总部发表了《共同构建人类命运共同体》的著名演讲。他在演讲一开头就提出："世界怎么了、我们怎么办？这是整个世界都在思考的问题，也是我一直在思考的问题。"然后，他回顾了"我们从哪里来、现在在哪里、将到哪里去"，指出："让和平的薪火代代相传，让发展的动力源源不断，让文明的光芒熠熠生辉，是各国人民的期待，也是我们这一代政治家应有的担当。"最后,他铿锵有力地指出:"中国方案是:构建人类命运共同体,实现共赢共享。"①习近平主席这一演讲及其全面阐述的人类命运共同体思想,得到国际社会的高度评价和热烈响应,已被写入联合国文件。

完全可以这样说,习近平总书记提出的构建人类命运共同体的"中国方案",向世界提出了一个构建多极化世界国际关系的全新思想。正如他一再强调的,人类生活在同一个地球村,各国日益相互依存、命运与共,越来越成为你中有我、我中有你的命运共同体。没有哪个国家能够独自应对人类面临的各种挑战,也没有哪个国家能够退回到自我封闭的孤岛。世界各国更需要以负责任的精神同舟共济,共同维护和促进世界和平与发展。

---

① 《习近平谈治国理政》(第二卷),外文出版社2017年11月版,第537-539页。

一

中国梦和世界人民的梦想相通

我们中华民族是一个有梦想的民族。中华民族伟大复兴的中国梦,是在和平发展道路上实现民族复兴之梦。我们希望世界更美好,和各国人民共同构建人类命运共同体,这是我们中国人的世界梦。这两个梦想是相通的。

中国共产党对人类的责任[①]

中国共产党是一个对人民、对民族、对人类负责任的马克思主义政党。习近平总书记多次说过:"中国共产党是为中国人民谋幸福的政党,也是为人类进步事业而奋斗的政党。"[②]这已经为中国共产党成立以来的全部历史所证明,也必将为中国共产党坚持和发展新时代中国特色社会主义的崭新实践所证明。在中国共产党与世界政党高层对话会上的主旨讲话中,习近平总书记又一次精辟地阐明了中国共产党承担的历史使命和时代责任,特别是中国共产党对人类的崇高责任。

(一)中国共产党是为人类谋和平与发展的党

"中国共产党所做的一切,就是为人民谋幸福、为中华民族谋复兴、为人类谋和平与发展。"[③]习近平总书记在中国共产党与世界政党高层对话会上的主旨讲话,阐明了中国共产党承担着为人类的和平与发展做出自己独特贡献的崇高责任。

人民,民族,人类,在中国共产党的思想理论中,这三者具有同一性。中国人民是中华民族的人民,是人类大家庭的成员。而作为中华民族

[①] 本文是作者2018年2月1日在中联部主办的金砖国家智库合作中方理事会2018年年会暨万寿论坛——"新时代的中国与新型南南合作"研讨会上的演讲。
[②]《习近平谈治国理政》(第三卷),外文出版社2020年6月版,第45页。
[③] 同上,第436页。

一部分并和这个民族血肉相连的中国共产党人，始终把自己定性为"两个先锋队"，即不仅是中国工人阶级的先锋队，同时是中国人民和中华民族的先锋队。这样的定性，在世界各国共产党中独一无二。与此同时，中国共产党作为一个矢志不渝为共产主义理想而奋斗的党，又始终把爱国主义和国际主义有机地联系起来，在为实现中华民族伟大复兴而奋斗的同时，自觉地为人类的进步事业做出自己的贡献。

中国共产党为人类进步事业做贡献，不是一句空话，有其深刻的内涵。这种贡献，一是体现在办好中国自己的事情上。中国是一个拥有13亿多人口的大国，中国共产党把这样的国家建设好、治理好，让世界五分之一的人口过上幸福生活，不就是对人类的贡献吗？中国的发展对世界经济增长的占比超过30%，不就是对世界的贡献吗？中国在改革发展中保持政局稳定和社会稳定，不也是对亚洲和世界安全的贡献吗？二是体现在中国的发展给世界提供的机遇上。中国向世界提供了一个13亿多人口的超大型市场，为各国对华贸易和投资以及由此带来的那些国家的经济发展提供了机遇；中国每年都有大量的旅游者和留学生到世界各国，为相关国家的经济和教育文化事业发展所做出的贡献；等等，都是有目共睹的。三是体现在中国在现代化进程中创造的成功经验上。中国在经济、政治、文化、社会和生态文明建设上都创造了许多成功的经验，尤其是中国在扶贫脱贫、环境保护、传染病控制等问题上取得的经验，都为世界各国提供了极其珍贵的经验。特别是，中国在当今世界极其复杂的形势下，为世界和平与发展提供的"构建人类命运共同体"的"中国方案"，更是中国在探索人类社会发展规律中以"中国智慧"对人类所做出的杰出贡献。

在中国共产党与世界政党高层对话会上，习近平总书记围绕中国对人类承担的时代责任，鲜明地阐述了三个"一如既往"，提出了三个"倡议"。这就是：第一，一如既往为世界和平安宁做贡献。倡议世界各国政党同我们一道，做世界和平的建设者、全球发展的贡献者、国际秩序的维护者。第二，一如既往为世界共同发展做贡献。倡议世界各国政党同我们一道，为世界创造更多合作机会，努力推动世界各国共同发展繁荣。第三，一如既往为世界文明交流互鉴做贡献。倡议将中国共产党与世界政党高层对话会机制化，使之成为具有广泛代表性和国际影响力的高端政治对话平台。这三个"一如既往"、三个"倡议"，明确地表达了中国共产党自觉为人类和平与发展做贡献的责任意识。

（二）中国共产党和世界各国特别是发展中国家分享的经验

中国共产党对人类承担的时代责任，不仅体现在做好自己的事情及其为世界创造的机遇上，而且体现在通过自己的探索及其形成的经验为世界各国分享上。特别是，中国是世界上最大的发展中国家，中国的经验对于广大发展中国家更有意义。正如习近平总书记在党的十九大报告指出的："中国特色社会主义道路、理论、制度、文化不断发展，拓展了发展中国家走向现代化的途径，给世界上那些既希望加快发展又希望保持自身独立性的国家和民族提供了全新选择，为解决人类问题贡献了中国智慧和中国方案。"

中国经验之所以对发展中国家有意义，是因为我们和广大发展中国家有着相同的历史，拥有相同的追求，面临相同的问题。在历史上，我们和广大发展中国家，都是历尽磨难，在民族解放运动中挣脱帝国主义、殖民主义枷锁后，独立出来的经济文化落后的国家。在今天，我们都是在为实现现代化而努力奋斗，并在寻找适合自己的发展道路的国家。在发展中，我们都遇到了资源、资金、人才、技术、管理经验等各方面的问题，以及发达国家对我们实行"双重标准"造成的困难。也就是说，我们有共同的历史命运。

中国经验之所以对发展中国家有意义，还在于中国在为实现现代化而进行的艰辛探索中，经历过的曲折对广大发展中国家都有启迪性的意义。广大发展中国家在发展中，有的曾经仿效过苏联的模式，有的实行的是西方发达国家的体制，也有的在努力探索自己的发展道路、发展模式。中国从新中国成立伊始，就在为改变国家的贫穷落后面貌而奋斗，制定了把落后的农业国转变为先进的工业国的目标。当年毛泽东同志还说过，中国如果实现不了工业化，超越不了发达国家，就会被"开除球籍"。为此，我们进行了长期的探索，特别是改革开放以来，我们在认真总结中国和世界经验的基础上，开辟了中国特色社会主义道路。近40年来，从邓小平同志到江泽民同志、胡锦涛同志，一直到今天的习近平总书记，我们目标不变、道路不变、路线不变，没有犯大的错误，现在已经到了决胜全面建成小康社会、开启全面建设社会主义现代化国家新征程的新时代。简要地回顾中国的现代化历程，可以体会到，中国经验来之不易，对于广大发展中国家是有参考价值的。

需要说明的是，我们在这里讨论中国经验对发展中国家的意义，有一个风险，会被人误以为中国要别国照抄照搬我们的经验。对此，习近平总书记已经在中国共产党与世界政党高层对话会上讲清楚了。他说，我们不"输入"外国模式，也不"输出"中国模式，不会要求别国"复制"中国的做法。也就是说，第一，"己所不欲，勿施于人"。我们吃过照抄照搬别国经验的苦头，不希望别的国家也重犯这样的错误。第二，"人所不齿，勿学于人"。我们看到过有的国家"输出"自己的价值观和制度而导致别的国家社会动荡，对于这样的做法我们也不能学。中国革命、建设和改革的经验表明，任何好的经验都必须和本国实践相结合。我们讲中国经验对发展中国家有参考价值，并不是要发展中国家"复制"中国的做法。

有了前面所说的前提，我们就可以在这里讨论中国有哪些经验对发展中国家有参考价值，或者说有哪些经验可以同发展中国家分享。

关于中国经验，大体上有两类：一类是中国独特的制度设计和独特的原则。比如中国有一党执政的中国共产党的领导，中国的民主政治坚持的是中国共产党的领导、人民当家作主和依法治国的有机统一。此类经验是中国历史形成的，是中国独有的。另一类是中国在发展中积累的可以同发展中国家分享的重要经验。至少以下12个方面关于发展的经验，对于广大发展中国家是有参考价值的。

第一，中国在现代化进程中始终坚持实事求是的思想路线。一切从实际出发，是中国共产党领导革命、建设和改革的根本出发点，从而是中国共产党制定发展蓝图、确定发展路线的根本出发点。特别是，中国共产党在坚持从实际出发时，十分重视科学地分析和把握各个发展阶段要解决的社会主要矛盾，以确定自己的工作重点。比如党的十九大通过对新时代社会主要矛盾新特点的分析，把解决发展的不平衡不充分作为重要任务，以满足人民日益增长的美好生活的需要。

第二，中国在现代化进程中坚持发展这个"硬道理"，强调发展是党执政兴国的"第一要务"，把发展作为解决中国所有问题的基础。与此同时，不断从发展着的实际出发确定发展要解决的重点问题，为人民群众谋利益谋幸福。

第三，中国强调要坚持"以人民为中心"的发展思想和创新、协调、绿色、开放、共享的发展理念。特别是，强调在发展中要给人民群众以看得见的实惠。每实施一个重大战略部署，都要让人民群众在实施前认识到同自己切身利益的关系，在实施后有明显的实惠获得感。

第四，中国在现代化进程中既制定了分步走实现现代化的发展战略，又从实际出发制定了实现发展战略的经济社会发展的"五年规划"和年度计划。比如邓小平同志提出的"三步走"发展战略和江泽民同志提出的"全面建设小康社会"的战略目标，以及由此形成的"两个一百年"的奋斗目标；又比如习近平总书记在党的十九大提出的，在全面建成小康社会的基础上"分两步走"全面建成富强民主文明和谐美丽的社会主义现代化强国的行动纲领。

第五，中国在发展进程中逐步形成了经济建设、政治建设、文化建设、社会建设、生态文明建设"五位一体"的总体布局，党的十八大后还形成了全面建成小康社会、全面深化改革、全面依法治国、全面从严治党"四个全面"的战略布局，从而防止在发展中出现顾此失彼的片面性。

第六，中国在现代化进程中，始终坚持通过改革促进发展。在改革中建立社会主义市场经济体制时，坚持把"看不见的手"和"看得见的手"结合起来，而不推行自由放任的市场经济。一方面，中国明确市场在资源配置中要发挥决定性作用，另一方面，也明确政府在经济调节、市场监管、公共服务和社会治理中要发挥好自己的作用。与此同时，中国在发展社会主义市场经济时形成了公有制为主体多种所有制经济共同发展的基本经济制度，既重视国有经济的作用，又鼓励、支持和引导非公有制经济发展。

第七，中国在现代化进程中十分重视发挥人民群众的积极性、创造性和主动性，特别是重视发现和培养人才。改革开放一开始就提出"尊重知识，尊重人才"，后来又提出要"尊重劳动，尊重知识，尊重人才，尊重创造"，实施人才强国战略。在现代化进程中还鼓励人民群众积极投入"创新""创业"，同时又通过政府创办的"孵化器"等形式给"双创"提供条件。

第八，中国共产党在改革和发展中，十分注意把"致富"和"脱贫"结合起来，解决了数千万人口的贫困问题，避免出现"中等收入陷阱"。

第九，中国在现代化进程中既坚持改革开放，解放和发展生产力，又保持正确的发展方向而不犯大的错误，更不犯颠覆性的错误。与此同时，十分注意反对形形色色的错误倾向，不让错误倾向干扰发展的进程。

第十，中国在现代化进程中始终注意把改革、发展和稳定结合起来，十分重视社会稳定。坚持把改革的力度、发展的速度和人民群众可以承受的程度结合起来。

第十一，中国在对外开放中既积极主动参与经济全球化，又始终坚持独立自主原则，维护国家主权和经济安全，走出了一条和平发展道路。面对今天大发展大变革大调整的国际形势，我们还提出了"构建人类命运共同体，实现共赢共享"的中国方案。

第十二，中国在现代化进程中，为推动和保障经济建设健康发展，十分重视建设中国特色社会主义民主。在民主政治建设中，中国不仅坚持选举民主，而且强调要坚持协商民主，指出人民内部各方面围绕改革发展稳定重大问题和涉及群众切身利益的实际问题，在决策之前和决策实施之中都必须进行广泛协商，努力形成共识。党的十八大以来，我们已经对于加强政党协商、人大协商、政府协商、政协协商、人民团体协商、基层协商和社会组织协商，做出了全面部署。与此同时，还对于全面推进依法治国做出了历史性的决议，并以加强党内监督为重点建立了广泛的监督体系，从多方面推进民主政治建设，使之成为社会主义现代化建设的重要组成部分。

这里概括的12个方面的主要经验，都是在中国的现代化实践中形成和坚持的，是在中国不断破解发展难题中形成的。其中，许多问题、难题是发展中国家才有的，因此中国的经验是不是可以为广大发展中国家分享呢？我们认为是可以为大家重视、参考和分享的。

（三）中国最大的软实力是中国共产党的影响力

习近平总书记在中国共产党与世界政党高层对话会上指出："2000多年前，中国古代思想家孔子就说，益者三友，友直、友谅、友多闻。中国共产党愿广交天下朋友。长期以来，中国共产党同世界上160多个国家和地区的400多个政党和政治组织保持着经常性联系，'朋友圈'不断扩大。面向未来，中国共产党愿同世界各国政党加强往来，分享治党治国经验，开展文明交流对话，增进彼此战略信任，同世界各国人民一道，推动构建人类命运共同体，携手建设更加美好的世界！"①

我们可以和发展中国家分享的，除了关于发展的经验外，还有关于加强党的建设的经验。大家都知道，中国始终坚持中国共产党的领导。党的十九大还进一步强调"党政军民学，东西南北中，党是领导一切的"。各

---

① 《习近平谈治国理政》（第三卷），外文出版社2020年6月版，第438页。

个国家的政党制度是不一样的,我们应该相互尊重。同时,我们认为,中国共产党在加强自身建设上一些成功的经验,也许对各国探索自己的党的建设会有帮助,对广大发展中国家增强国家软实力也会有帮助。

一是,中国共产党始终坚持党的团结和集中统一领导,要求全党在思想上政治上行动上同党中央保持高度一致。强调在党中央和全党要有一个"核心",明确了习近平总书记是党中央和全党的核心。这是中国共产党有坚强战斗力的根本保证,也是中国共产党在自身建设上的重要经验。

二是,中国共产党是马克思主义政党,同时中国共产党又把实现中华民族的伟大复兴作为自己的历史使命。中国共产党一直强调自己是"两个先锋队",其中就包括了是"中国人民和中华民族的先锋队"这样一个性质定位。这就使得中国共产党始终把自己的根深深地扎在中华民族的大地上。这是一条重要的经验。

三是,中国共产党始终坚持把"全心全意为人民服务"的价值观、根本宗旨和"实事求是"的世界观、思想路线紧密结合起来,既为人民坚持正确的,又为人民改正错误的。这也是一条重要的经验。

四是,中国共产党勇于自我革命,坚持全面从严治党,用党的政治建设统领党的建设,把思想建党和制度治党结合起来,不断解决党内存在的突出问题,净化党内政治生态,严肃党内政治生活,保持党的先进性和纯洁性。中国共产党在坚持不懈开展的反腐败斗争中,认真总结自己的经验教训,积累了丰富的经验。

五是,中国共产党特别重视学习,把建设马克思主义学习型政党作为自己的重要目标,在学习中努力提升自己的领导能力和执政能力。

正是这些重要经验,使中国共产党不仅获得了最广大人民群众的信赖、拥护和支持,而且吸引和聚集了中华民族大批精英,成为中国实现社会主义现代化和中华民族伟大复兴的坚强领导核心。今天,广大发展中国家的政党都面临着如何加强自身建设的问题,中国共产党的这些经验都来自长期的实践，有的还是付出许多代价获得的，我们十分珍惜，也愿意和大家分享。

这些关于中国共产党加强自身建设的经验，之所以是经验，是因为这些做法在实践中已经形成了中国共产党在人民群众中的巨大影响力，形成了中国共产党在世界上的巨大影响力。这样的影响力对于中国意味着什么？意味着中国的软实力在明显增强。近几年来，我们和许多发展中国家一样，十分重视"软实力"建设，举世瞩目的党的十九大使我们体会到了，中国最大的软实力，不是别的，就是中国共产党的影响力。党的十九大的影响力，我们都已经感受到了，不仅在会议期间感受到了，在会议之后更感受到了。这次，世界上那么多的政党到北京来参加中国共产党与世界政党高层对话会，就是中国共产党巨大影响力最突出的体现，也就是中国软实力最突出的体现。

中华民族近代以来最伟大的梦想①

历史，大踏步迈进了21世纪第十九个年头。中国人民，离实现中华民族伟大复兴的中国梦越来越近了。中国共产党人以坚定的道路自信、理论自信、制度自信和文化自信，推进伟大斗争、伟大工程、伟大事业，就是为了实现这一中华民族的伟大梦想。

（一）习近平之问：我是谁，从哪里来，到哪里去？

我们讲的"伟大梦想"，就是要实现中华民族伟大复兴。这是习近平总书记提出的重要理念。学习研究习近平新时代中国特色社会主义思想包括他提出的"伟大梦想"，首先要了解总书记的所思所想，他在想什么，他为什么这样想。

我们注意到，习近平总书记在治国理政实践中一而再、再而三提出："我是谁，从哪里来，到哪里去？"我们可以把这个问题称为"习近平之问"。

2014年5月4日，习近平总书记来到北京大学同师生一起纪念五四青年节时，曾经说过："一个民族、一个国家，必须知道自己是谁，是从哪里来的，要到哪里去，想明白了、想对了，就要坚定不移朝着目标前

---

① 本文写于2018年12月，经修改后于2019年1月7日以《肩负起民族复兴的历史使命》为题发表于《人民日报》。

进。"①

大哉问！"我是谁，从哪里来的，到哪里去"，这本来是一个古老的哲学命题。哲学家一直在探索宇宙的来源、生命的来源、人类的来源这三大来源。关于人类的来源，提出的问题就是："我是谁，从哪里来，到哪里去"。这在哲学上是一个本体论的问题。而习近平总书记作为一个伟大的政治家，他提出这个问题是一个中国政治的本体问题。

对于这个"习近平之问"，习近平总书记本人作了明确的回答。2015年11月3日，习近平总书记在人民大会堂同出席第二届"读懂中国"国际会议的外方代表座谈，回答他们提出的问题时说："我们从哪里来，我们走向何方？中国到了今天，我无时无刻不提醒自己，要有这样一种历史感。"他说："伫立在天安门广场的人民英雄纪念碑有一组浮雕，表现的是1840年鸦片战争到1949年中国革命胜利的全景图。"他接着说道："我们一方面缅怀先烈，一方面沿着先烈的足迹向前走。我们提出了中国梦，它的最大公约数就是中华民族伟大复兴。"

回眸历史，2012年11月29日上午，党的十八大闭幕后不到半个月，习近平等中央领导人来到国家博物馆参观《复兴之路》展览。在介绍党的十一届三中全会的展版前，习近平总书记发表了重要讲话。他用"雄关漫道真如铁"回顾了中华民族昨天"从哪里来"；用"人间正道是沧桑"指出了中华民族"今天在哪里"；用"长风破浪会有时"宣示了中华民族明天"到哪里去"。他的结论是："实现中华民族伟大复兴，就是中华民族近代以来最伟大的梦想。这个梦想，凝聚了几代中国人的夙愿，体现了中华民族和中国人民的整体利益，是每一个中华儿女的共同期盼。""经过鸦片战争以来170多年的持续奋斗，中华民族伟大复兴展现出光明的前景。"②

---

① 《习近平谈治国理政》（第一卷），外文出版社2018年1月版，第171页。
② 《习近平谈论国理政》（第一卷），外文出版社2018年1月版，第35-36页。

（二）伟大梦想：中华民族复兴之梦想

在人类文明史上，有各种各样的梦想。近代以来中华民族的梦想，不是探究未知世界奥秘的梦想，不是沉浸在田园牧歌般生活中的梦想，而是历尽沧桑的古老民族救亡图存、奋发图强的梦想——中华民族伟大复兴的梦想。

中华民族的梦想，之所以是"复兴"之梦，是因为曾经创造过灿烂中华文明的中国，在近代遭受了西方列强的入侵、压迫和掠夺。中国人永远不会忘记，我们是在八国联军占领首都北京的奇耻大辱中进入20世纪的。以鸦片战争为起点，中国人踏上了可歌可泣的民族复兴之路。"复兴"始终是这条道路不变的坐标。

中华民族的梦想，之所以是伟大的梦想，是因为中华民族在复兴之路上，不仅要求得民族独立和人民解放，还要实现国家富强和人民幸福，使中国巍然屹立于世界民族之林。鸦片战争后，中国人经历了百年战争，为"站起来"前赴后继、英勇奋斗，做出了巨大牺牲；新中国成立后，中国人又踏上了百年征程，为摆脱"开除球籍"的命运艰辛探索、艰苦奋斗，为"富起来"拨乱反正、改革开放，现在正在为"强起来"而贯彻新发展理念，全面深化改革，全面参与经济全球化。新时代的中国，正在谱写新时代的新辉煌。中华民族复兴的梦想，无论从目标来看，还是从过程来看，都称得上"伟大梦想"。

需要指出的是，在今天，实现中华民族伟大复兴中国梦，其内涵和本质就是"国家富强、民族振兴、人民幸福"。我们的目标已经昭告天下：在2020年全面建成小康社会后，到2035年基本实现社会主义现代化，到2050年把我国建成富强民主文明和谐美丽的社会主义现代化强国。也就是说，中华民族的复兴之路，不是狭隘的复仇之路、扩张之路，而是摆脱落后、赶上时代的伟大历史进程。邓小平同志曾经明确地说过："党的十一届三中全会以后，我们集中力量搞四个现代化，着眼于振兴中华民族。"①与此同时,他说:"我们要赶上时代,这是改革要达到的目的。"②"振兴中华"是为了"赶上时代"。我们把实现中华民族伟大复兴,称为"伟大梦想",就是要使中华民族能够快速赶上时代潮流,使中国在"富起来"的同时不断"强起来"。

(三)"伟大梦想"和"历史使命"

中华民族的梦想,就是中国共产党的使命。在党的十九大报告阐述新时代中国共产党的历史使命时,习近平总书记明确指出:"实现中华民族伟大复兴是近代以来中华民族最伟大的梦想。中国共产党一经成立,就把实现共产主义作为党的最高理想和最终目标,义无反顾肩负起实现中华民族伟大复兴的历史使命,团结带领人民进行了艰苦卓绝的斗争,谱写了气吞山河的壮丽史诗。"③

记得在1932年11月,《东方杂志》曾经发起过关于"未来中国"梦想的征文活动。柳亚子、巴金、邹韬奋、郁达夫、老舍、林语堂、郑振铎、叶圣陶、茅盾等144位有影响的知识分子发表了他们的"梦想"。柳亚子梦想的未来中国是社会主义大同世界的一部分,"没有金钱,没有铁血,没有家庭,没有监狱,也没有宗教;各尽所能,各取所需;一切平等,一切自由";谢冰莹说:"我梦见一个没有国界、没有民族、没有阶级区别的大同世界;共同生产、共同消费的社会主义国家。"罗文干希望"土匪绝迹,外患消除,四民安居乐业"。施蛰存梦想未来中国"是一个太平的国家,富足,强盛"。与众不同的是,作为思想文化界的领军人物鲁迅却没有参加这次征文活动。但他写下了一篇《听说梦》的杂文,说:"然而要实现这'梦'境的人们是有的,他们不是说,而是做,梦着将来,而致

---

① 《邓小平文选》(第三卷),人民出版社1993年10月版,第357页。
② 同上,第242页。
③ 习近平:《决胜全面建成小康社会 夺取新时代中国特社会主义伟大胜利》,人民出版社2017年10月版,第13页。

力于达到这样一种将来的现在。"熟悉鲁迅的人都知道，他所说的致力于"实现这'梦'境的人们"，不是写文章"说梦"的人，而是正在为中华民族浴血奋战着的中国共产党人。

鲁迅的见解是深刻的。中国共产党从诞生之日起，就不仅是中国工人阶级的先锋队，而且是中国人民和中华民族的先锋队。正如毛泽东同志说过的，中国共产党人是把爱国主义和国际主义统一起来的共产党人，是"成为伟大中华民族的一部分而和这个民族血肉相联的共产党员"。①中国共产党人的这一鲜明特点，形成于中国共产党成立时中华大地上激荡着的两大进步潮流的交汇点。一大潮流，是1840年以来形成的民族救亡潮流；另一大潮流，是十月革命后汹涌澎湃兴起的世界社会主义潮流。因此，中国共产党在成立的头两年里，先后确立了为社会主义共产主义而奋斗的远大目标和反帝反封建的近期纲领。这就是党的十九大报告所强调的，中国共产党在成立之初不仅"把实现共产主义作为党的最高理想和最终目标"，而且"义无反顾肩负起实现中华民族伟大复兴的历史使命"。

中国共产党没有自己的特殊利益，只有为人民谋幸福、为中华民族谋复兴的初心。因此，中华民族的梦想，就是中国共产党人的梦想，就是中国共产党人的历史使命。

（四）"不忘初心、牢记使命"和"改革开放再出发"

"现在，我们比历史上任何时期都更接近中华民族伟大复兴的目标，比历史上任何时期都更有信心、有能力实现这个目标。"②习近平总书记在发出这一时代强音的同时，告诫我们："行百里者半九十。中华民族伟大复兴，绝不是轻轻松松、敲锣打鼓就能实现的。全党必须准备付出更为艰巨、更为艰苦的努力。"③

---

① 《毛泽东选集》（第二卷），人民出版社1991年6月版，第534页。
② 《习近平谈治国理政》（第一卷），外文出版社2018年1月版，第35—36页。
③ 《习近平谈治国理政》（第三卷），外文出版社2020年6月版，第12页。

"行百里者半九十。"面对着今天错综复杂变动着的国内国际两个大局，中华民族伟大复兴的"最后十里"，对于我们这个民族来说，是机遇，又是挑战；对于我们中国共产党来说，更是机遇，也是挑战。这"最后十里"，关系着中华民族和中国共产党艰难困苦"行百里"的结局和命运。失败了，上对不起祖宗，下对不起子孙。如果说中国共产党成立时"义无反顾肩负起实现中华民族伟大复兴的历史使命"，那么，今天的中国共产党人更要"义无反顾肩负起实现中华民族伟大复兴这'最后十里'的历史使命"。对于现在已经踏上和将来要踏上这"最后十里"的广大年轻的中国共产党人来说，要有这样的精神准备，更要有这样的信心和决心。

在庆祝改革开放40周年的日子里，习近平总书记已经向我们发出了改革开放"再出发"的进军令。此时此刻，我们重温习近平总书记关于"行百里者半九十"的告诫，更能够亲切地体会到他提出的"不忘初心、牢记使命"的要求，是对我们矢志不渝为实现"伟大梦想"而奋斗的谆谆嘱托和激励。

中国梦是和平发展合作共赢之梦[①]

习近平总书记提出的中华民族伟大复兴的中国梦,在国际社会产生了强烈的反响。中国梦对于当前正在变革和转型中的世界意味着什么,中国梦和世界各国人民的梦想是什么关系,中国梦将给世界带来什么,这是世界上许多人关心的大问题。对此,中国共产党的回答是:通过争取和平的国际环境发展自己,同时以自身发展维护和促进世界和平与共同发展。这是中国共产党提出的和平发展道路的基本内涵,同时也反映了中国特色社会主义的本质要求。习近平总书记进一步发展了这一思想,强调中国梦就是统筹国际国内两个大局,在国际关系和国际事务中坚持和平、发展、合作、共赢之梦。

(一)中国梦与中国和平发展道路

自从中国在21世纪进入改革和发展的快车道以来,在经济总量上一步一步超越发达国家,"中国威胁论""中国崩溃论"等各种声音此起彼伏,不绝于耳。许多人认为这样快速崛起的中国,必定会走上对外扩张、称霸世界的道路。在中国成为世界第二大经济体后,这种声音越来越响,在担忧中国会超越自己的世界第一大经济体美国,在刚刚被中国超越而又不甘心落后的世界第三大经济体日本,这种声音尤为突出和强烈。

[①] 本文写于2014年7月中旬,曾收入外文出版社2014年12月出版的《中国梦,什么梦》。

打开世界近代史，国强必霸，新兴大国用战争谋取霸权地位，几乎是通例。但是，今天的中国决心走出一条世界上从未有过的新道路。这条道路，就是在中国共产党第十七次全国代表大会和第十八次全国代表大会上正式写进文件的"中国和平发展道路"。中国梦对于当今世界来说，强调的就是要通过和平发展道路来实现中华民族的伟大复兴，创造人类文明的新奇迹。

回顾历史，一个半世纪以来，中国人的理想和追求，就是赶上世界现代化的步伐，把一个落后的农业国转变为强大的工业国，尽快实现中国的现代化。

由于中国的封建统治者和资产阶级没有能够完成这个历史重任，伴随着1949年中国共产党领导的新民主主义革命的胜利和1956年中国建立社会主义制度，这一历史重任历史地落到了中国共产党及其领导的中国人民身上。

能否实现中国的工业化和现代化，由此成为对中国共产党、对中国社会主义和中华民族的最大的历史性考验。

考验之一：中国这样一个经济文化落后的国家，能否以较快的速度赶上世界发展的进步潮流，实现工业化和现代化？

考验之二：中国这样一个实行社会主义制度的国家，能否既实现工业化和现代化，又巩固和发展社会主义制度？

考验之三：中国这样一个经济文化落后的社会主义国家，能否在国际资本主义的强大压力下，既实现工业化和现代化，又维护国家的主权和经济安全，而不成为国际资本的附庸？

考验之四：中国这样一个经济文化落后的社会主义国家，能否在实现工业化和现代化的过程中，成为维护世界和平与促进共同发展的坚定力量，而不争霸、不称霸、不走强权政治的老路？

执政的中国共产党人在思考这些问题，国际社会也在关注这些问题。特别是国际社会一些人，有的预言中国解决不了工业化和现代化中的粮食问题、水资源问题、能源问题等各种各样的难题,提出了所谓的"中国崩溃论";有的预言谁也阻挡不了中国快速发展的步伐,但是对国际社会、对发达国家是一个威胁,提出了所谓的"中国威胁论"。

那么,中国人是怎么看待这个问题的呢?

要回答这个问题,最好的方法是看实践。1978年党的十一届三中全会以来,认真总结历史教训,根据中国的基本国情和国际形势的深刻变化,坚持以经济建设为中心,以实现中国的现代化为目标,坚持不懈地推进改革开放,进行了大胆而又慎重的探索。短短30多年,中国就发生了举世瞩目的变化:一是国民经济持续、快速、健康发展。GDP平均每年增长9%左右。中国在摆脱贫困状况以后又在总体上进入了小康社会,一步一步地向着建设一个富强、民主、文明的社会主义现代化国家迈进。二是中国在实现工业化和现代化的过程中,勇敢地到世界市场博弈,通过平等、互利的竞争,获得了大量的资金、技术、资源,特别是能源,同时又给世界各国大企业包括一批跨国公司提供了13亿中国人这个极其巨大的市场。三是中国为实现工业化和现代化,勇敢地推进市场化改革,初步建立起了社会主义市场经济体制,在制度创新中巩固和发展了中国的社会主义。四是为了赢得工业化和现代化所必需的国内稳定和国际和平,执政的中国共产党采取对内和谐与对外和平的方针政策,在全世界范围内树立了负责任大国的良好形象。

也就是说,过去30多年的实践经验告诉我们,中国已经成功地走上了一条争取和平的国际环境来发展自己,又以自身的发展来维护世界和平的发展道路。这条道路,即我们常说的中国和平发展道路。

上述事实向世人昭示:中国人是有梦想的。但是这个梦想,一不是二战时的"德国和日本梦",不会像他们那样用战争手段掠夺资源、称霸世界;二不是冷战时期的"苏联梦",不会像苏联那样搞冷战对抗、对外扩张,追求霸权主义;三也不是依靠大量消耗能源等各种资源来加速发展的"美国梦"。也就是说,在中国为工业化和现代化而奋斗的时候,做的是中国梦,即建设中国特色社会主义,走独特的中国和平发展道路。

那么，中国过去36年走出的这条和平发展的道路，其实质是什么？又有哪些经验呢？

这条道路的实质，就是在同经济全球化相联系而不是相脱离的进程中，独立自主地建设中国特色社会主义、实现工业化和现代化的道路。这是世界社会主义历史上从未有过的全新的国家发展道路。

这条全新的国家发展道路，主要体现在四个重要方面。

第一个方面，是与经济全球化相联系而又保持独立自主。20世纪70年代中期，与新科技革命相联系的新一轮经济全球化浪潮到来时，中国面临着一次历史性的战略抉择。我们注意到，在马克思、恩格斯时代，经济全球化已经开始出现。马克思主义的战略是在资本全球化过程中推动全世界无产者联合起来，通过革命，在经济全球化创造的物质生产力基础上建立社会主义和共产主义制度。到列宁时代，经济全球化不仅在量上扩张，而且发展到帝国主义阶段。列宁主义的策略是先在帝国主义的薄弱环节开始社会主义革命，然后在经济全球化发展过程中推动全世界无产阶级与殖民地半殖民地国家的被压迫民族联合起来，扩大社会主义影响。由于苏联共产党中一些人的大国沙文主义和霸权主义的滋生蔓延，这个策略后来发展到极端，形成两大阵营、两大军事集团的冷战与对抗。这种对抗的一个严重后果是，苏联和东欧各国承受了经济全球化带来的各种压力，而没有较好地利用经济全球化带来的机遇，最后导致苏联解体、东欧剧变。

中国现在探索的是一个全新的战略，既参与经济全球化并以由此带来的物质成果来巩固和发展社会主义，又警惕经济全球化的负面影响，独立自主地建设中国特色社会主义，加快实现工业化和现代化。因为，中国人认为经济全球化是社会生产力和科技发展的客观要求和必然结果，有利于促进资本、技术、知识等生产要素在全球范围内的优化配置，给中国提供了新的发展机遇；同时，中国人也清醒地意识到，经济全球化是把"双刃剑"，参与进去是有风险的，因而制定了"趋利避害"的策略。特别是，像中国这样有13亿人口的大国，在解决人口、资源、能源和粮食等发展问题上，不可能全盘依赖国际社会，只能主要地依靠自己的力量走独立自主的发展道路。在引进外资的同时，依靠体制创新，依靠扩大内需，依靠艰苦奋斗，确保中国能够在参与经济全球化进程中，实现国民经济持续、快速、协调、健康的发展，来实现工业化和现代化。

第二个方面，是积极推进经济市场化而又统筹兼顾各方利益。要联系经济全球化独立自主地建设中国特色社会主义，必须坚持从中国的实际情况出发，推进以市场为取向的体制改革。中国的实际情况，最突出的有两条：一是底子薄；二是人口多、资源少。面对这样的国情，执政的中国共产党在领导国家发展中始终注意两条：第一条是锐意改革，不断发展和完善社会主义市场经济体制，最大限度地优化配置我们的资源，创造尽可能多的经济效益；第二条是统筹兼顾，包括统筹城乡发展、统筹区域发展、统筹经济社会发展、统筹人与自然和谐发展、统筹国内发展和对外开放，尽可能防止市场化改革中带来的各种消极因素的扩大。这样，就能最广泛、最充分地调动一切积极因素，为实现中国的工业化和现代化提供强有力的体制保障。

第三个方面，是吸收借鉴人类文明成果而又弘扬中华文明。同样的道理，要联系经济全球化又独立自主地建设中国特色社会主义，必须建设一个善于学习人类文明成果，又善于弘扬自身优秀传统的学习型社会。历史上，中华民族从来就是一个善于学习的民族。先哲孔夫子说过："三人行，必有我师焉。"改革开放以来，中国人到世界各地学习，在学习中搞现代化，搞市场经济。与此同时，中国人又强调自身的精神文明建设，继承和弘扬中华民族几千年积淀下来的以爱国主义为核心的团结统一、爱好和平、勤劳勇敢、自强不息的民族精神，克服前进中的困难。特别需要指出的是，中华民族在历史上是由许多民族融合而发展起来的，形成了"和而不同"的文化传统。它强调以和为贵、兼容并蓄，而不是飞扬跋扈、蛮横无道。在中国的发展过程中，中国政府和中国人民更是主张世界各国，不论是大国还是小国、不论是强国还是弱国，应该平等相处、和平共处，努力推进国际关系的民主化，大家一起来建设一个和谐的世界。

第四个方面，是从政治大国向经济大国发展而又不称霸。邓小平同志曾经说过，我们现在已经是一个政治大国了，在不长的时间内将会成为一个经济大国。同时，他又说过中国发展起来也永远不称霸。我们建设的中国特色社会主义，是不断发展社会生产力的社会主义，是主张和平的社会主义。尽管在世界史上，一个大国的崛起，往往会导致国际格局和世界秩序的剧烈变动，甚至引发战争。但是，中国不会走这条道路。中国人民深知遭受强国侵略、欺凌、压迫和掠夺的苦难。中国有句老话："己所不欲，勿施于人。"因此，中国在过去改革开放20多年历程中，积极推进独立自主的和平外交政策，发展同各国的睦邻友好关系。这几年，中国政府又提出互信、互利、平等、协作的新安全观，把维护世界和平和促进共同发展作为我们的外交宗旨。因此，中国的发展完全是和平的发展。

30多年来，中国和平发展的进程已经开了一个好头，但是还远远没有完成。按中国人的设想，到21世纪中叶基本实现现代化，才可以算是达到了和平发展的预期目标。那么，中国人能不能实现这一预期目标、坚持这一独特道路呢？这是国内外许多人关注的问题。

中国领导人深知，一个13-15亿人口的大国要实现和平发展，绝非易事。特别是在21世纪头20年，就经济和社会发展领域而言，中国面临着带根本性的三大挑战：

一是中国工业化和现代化进程中资源特别是能源短缺。中国人均资源占有量，在全世界排在后列；同时，由于发展速度快而科技和工艺总体水平低，中国制造业的单位和总量的资源消耗包括能耗，却排在世界前列；再加上随着世界制造业向中国大规模转移，也带来一定程度的"能耗转移"。这就使得资源特别是能源的短缺，成为困扰中国和平发展的一大难题。

二是中国工业化和现代化进程中生态环境问题严重。中国在工业化和现代化进程中承接国际产业转移时，逐渐成为制造业大国，加上因劳动力众多需要大力发展中小企业。这些情况结合在一起，导致生态状况恶化、环境污染严重。这已成为中国经济保持可持续发展的瓶颈。同时，这也是中国领导层提出科学发展观的一个重要背景。

三是中国工业化和现代化进程中出现了经济与社会协调发展过程中一系列两难问题。比如，既要推动技术进步和产业升级，又要扩大社会就业；既要保持东部地区的强劲发展势头，又要促使中西部共同发展；既要推进市场竞争，又要注重公平、缩小差距；既要深化各项改革，又要保持社会稳定；等等。解决这一系列两难问题，都不能只顾一头、不顾另一头，而是要求有一系列的统筹兼顾，实现又快又好的发展。

能否解决好这一系列重大问题的挑战，直接关系到中国能否最终实现和平发展。

面对21世纪头20年这三大挑战，中国共产党和中国政府的应对之策可以归结到在坚定不移坚持中国特色社会主义道路的基础上，努力实现三个超越。

一是超越旧式工业化道路，继续推进工业化、信息化、城镇化、农业现代化同步发展。近代产业革命以来，全世界用了250年时间，才使15亿人口进入工业化社会。而中国人却要从1949年新中国成立到21世纪中叶的100年间，使15亿人进入工业化。显然，不让中国这样一个人口大国跟上人类文明前进步伐发展起来是不可能的，而发展依然沿袭高投入、高消耗、高污染的旧式工业化道路也是不可能的。所以，中国下决心要走出一条工业化和信息化相结合的，科技含量高、经济效益好、资源消耗低、环境污染少、人力资源优势得到充分发挥的新型工业化道路。与此同时，坚持探索以人为核心的新型城镇化道路，并把它与农业现代化结合起来，从根本上改变农业落后、农村落后、农民贫穷的问题，使此与整个国家的工业化同步发展。这就是中国在和平发展中实现工业化和现代化的战略道路。

二是超越世界近代以来后兴大国传统的崛起之路和以意识形态划线的冷战思维，继续积极参与经济全球化。中国没有派出一兵一卒去掠夺别国资源，没有在国外建立殖民地，也没有搞集团政治同别人对抗、向外扩张，而是到世界市场参与平等互利的竞争，通过和平方式获得中国工业化和现代化所需要的资源和技术，在联合国等国际政治舞台同各国合作共事。也就是说，中国在发展中既超越了旧式工业化道路所必然带来的争夺资源大拼杀的旧路，又超越了由于意识形态差异而拒绝和平、发展、合作的冷战思维。中国依靠自己的改革开放，独立自主地建设一个政治上经济上都强大的中国，同时中国又不争霸、不称霸、不当头、也不当别人的附庸。这就是中国特色社会主义的一个"特色"。

三是超越不合时宜的社会治理模式，继续致力于推进国家治理体系和治理能力的现代化，完善和发展中国特色社会主义制度。面对中国在改革开放中出现的活力与失范并存、效率与失衡同在的新情况、新问题，中国领导层着眼于从民主和法治入手，推进国家治理体系和治理能力现代化。积极探索构建政府调控机制同社会协调机制互联、政府行政功能同社会自治功能互补、政府管理力量同社会调节力量互动的社会网络，来提高执政水平、改进社会治理。目前，中国的政治体制改革正在继续深化，社会治理方式正在转换，中国政府的职能也正在逐步转变，科学执政、民主执政、依法执政水平在不断提高，中国正在向着一个更加和谐的社会目标发展着。

中国在21世纪头20年这三大战略，归结起来，就是对外坚持和平、对内坚持和谐，两者相互结合、相互促进，以达到聚精会神搞建设、一心一意谋发展。其着眼点就是要引导13-15亿中国人，在应对风险和挑战中，坚持科学发展观，全民奋起、艰苦创业，在同世界的互利共赢中使自己的日子过得好一些，对人类的贡献大一些。

（二）以和平发展合作共赢新理念丰富发展中国和平发展道路

党的十八大以来，以习近平同志为核心的党中央，面对的是一个正在发生深刻复杂变化的世界，是一个日新月异的世界。这个世界，对于中国来讲，既具极大的挑战性，又有大有可为的发展机遇。面对这样的世界，习近平同志在治国理政、谋篇布局时鲜明地提出，要进一步加强战略思维，增强战略定力，更好地统筹国内国际两个大局，不断夯实走和平发展道路的物质基础和社会基础；与此同时，要广泛深入宣传我国坚持走和平发展道路的战略思想，推动世界各国都走和平发展道路。

经济总量已经居于世界第二的中国，是不是还会坚持走和平发展道路？世界上一些人总是喜欢以历史上"国强必霸"的西方逻辑，捕风捉影，抹黑中国，渲染"中国威胁论"，干扰中国的发展。

这个问题关系到中国的国际形象，不能不回答。

习近平主席通过对天下大势的深刻分析，指出中国走和平发展道路反映了历史的规律和时代的潮流。他清醒地指出，过去几十年国际社会已经发生沧海桑田般的巨大变化。

——这个世界，和平、发展、合作、共赢成为时代潮流。

——这个世界，一大批新兴市场国家和发展中国家走上发展的快车道。

——这个世界，各国相互联系、相互依存的程度空前加深。

——这个世界，人类依然面临诸多难题和挑战。

因此，他告诉人们，"要跟上时代前进步伐，就不能身体已进入21世纪，而脑袋还停留在过去，停留在殖民扩展的旧时代里，停留在冷战思维、零和博弈的老框框内。"①习近平主席告诉那些"脑袋"与"身体"相分离的人，今天的世界已经发生巨大的变化，不能再用过去那种"思维"和"逻辑"来看待中国的发展和进步。

在党的十八大后举行的中共中央政治局第三次集体学习会上，习近平总书记对中国为什么走和平发展道路这一重大问题做了全面、深刻而又精辟的回答。他说：

——中华民族是爱好和平的民族。中国人民对战争带来的苦难有着刻骨铭心的记忆，对和平有着孜孜不倦的追求，十分珍惜和平安定的生活。

---

① 《习近平谈治国理政》（第一卷），外文出版社2018年1月版，第273页。

他还动情地说过:"中国人民怕的就是动荡,求的就是稳定,盼的就是天下太平。"①

——我们的和平发展道路来之不易,是新中国成立以来特别是改革开放以来,我们党经过艰辛探索和不断实践逐步形成的。他还以我们提出和平共处五项原则、独立自主的和平外交政策、永远不称霸的庄严承诺等事实为根据,自豪地指出:"我们党始终高举和平的旗帜,从来没有动摇过。"②

——我们正在为实现"两个一百年"的目标而奋斗,正在为实现民族复兴的中国梦而奋斗,实现我们的奋斗目标必须有和平的国际环境。他深刻地指出,在发展与和平的关系上,"没有和平,中国和世界都不可能顺利发展;没有发展,中国和世界也不可能有持久和平。"③

这些来自历史和现实的科学总结,这些以中国和世界人民的根本利益为己任的肺腑之言,不仅回答了国际社会提出的问题,而且系统地论证了中国为什么要始终不渝走和平发展道路的道理。

我们常说,世界潮流,浩浩荡荡,顺之则昌,逆之则亡。当今世界的时代潮流是什么?对于这个问题,世界上各种人曾经有各种不同的回答。"意识形态的终结""文明的冲突"诸如此类预言,都已经为历史事实所推翻。

中国共产党人认为,时代潮流总是与时代主题相联系的。在和平与发展已经成为时代主题的情况下,与"和平""发展"相联系的"合作"已成为世界发展的新景观,现在又出现了世界各国"共赢"的新趋势。习近平主席2013年4月7日在博鳌亚洲论坛开幕式的演讲中,深刻地指出:"世界各国相互联系日益紧密、相互依存日益加深,遍布全球的众多发展中国家、几十亿人口正在努力走向现代化,和平、发展、合作、共赢的时

---

① 《习近平谈治国理政》(第一卷),外文出版社2018年1月版,第247-248页。
② 《习近平谈治国理政》(第一卷),外文出版社2018年1月版,第248页。
③ 同上。

代潮流更加强劲。""和平、发展、合作、共赢"这八个字,是习近平主席一系列国际关系问题讲话的关键词,体现了党的十八大以来党中央对天下大势的新判断,提出了党中央处理中国与世界关系的大原则。

与此同时,习近平主席认为"和平发展道路能不能走得通,很大程度上要看我们能不能把世界的机遇转变为中国的机遇,把中国的机遇转变为世界的机遇,在中国与世界各国良性互动、互利共赢中开拓前进"①。根据这样的理念,习近平主席强调要更好地把国内发展与对外开放联系起来,把中国发展与世界发展联系起来,把中国人民利益与各国人民共同利益结合起来。

习近平总书记在中央政治局集体学习时说过一个极其深刻的思想:"中国走和平发展道路,其他国家也都要走和平发展道路,只有各国都走和平发展道路,各国才能共同发展,国与国才能和平相处。"②

历史上曾经有过通过殖民主义掠夺来实现工业化的先例,有过通过发动世界大战实现现代化的失败尝试,有过通过"社会主义大家庭"的所谓分工实现现代化的做法,但这种种工业化现代化之路都不是中国要走的路,也都不是能够真正给世界带来福祉的正确选择。在今天的世界格局和发展趋势中,中国的和平发展道路是顺应时代潮流的唯一正确的选择,同时也告诉世人这是世界各国都应该走的而且也是可以走得通的正确道路。

于是,我们看到,习近平主席和其他党和国家领导人以一种清新的形象出现在外交舞台上。习近平同志当选国家主席后的"第一访"选定在俄罗斯和非洲,选定同金砖五国领导人会晤,格外引人关注。李克强总理走进南亚,也吸引了人们的眼球。转而,习近平主席的专机又飞到墨西哥等拉美国家。到习近平主席在美国加州庄园同奥巴马轻松交谈时,世界上许多人发现中国正在全方位的对外开放和全方位和平外交道路上阔步前进。

在莫斯科国际关系学院,习近平主席强调:"面对国际形势的深刻

---

① 《习近平谈治国理政》(第一卷),外文出版社2018年1月版,第248页。
② 《习近平谈治国理政》(第一卷),外文出版社2018年1月版,第249页。

变化和世界各国同舟共济的客观要求，各国应该共同推动建立以合作共赢为核心的新型大国关系，各国人民应该一起来维护世界和平、促进共同发展。"[1]特别是，他明确指出，"共同发展"指的是各国和各国人民应该"共同享受尊严""共同享受发展成果""共同享受安全保障"，而不能干涉别国内政、以邻为壑转嫁危机、单打独斗甚至迷信武力。

在坦桑尼亚尼雷尔国际会议中心，习近平主席在论述了中非关系的历史及其特点后，饱含深情地讲了四个字：对待非洲朋友，我们讲一个"真"字；开展对非合作，我们讲一个"实"字；加强中非友好，我们讲一个"亲"字；解决合作中的问题，我们讲一个"诚"字。

在金砖国家领导人会晤时，习近平主席对于怎么样促进世界的和平发展，以及金砖国家怎么样在这个世界发挥更大作用，提出了完整的构想：

——我们要大力推动建设全球发展伙伴关系，促进各国共同繁荣。

——我们要努力发展经济、改善民生，做好自己的事情，为世界经济多添一些增长点。

——我们要共同参与国际发展议程的制定，充分利用人类积累的生产力和物质资源，完成联合国千年发展目标，缩小南北发展差距，促进全球发展更加平衡。

——我们要用伙伴关系把金砖各国紧密联系起来，下大气力推进经贸、金融、基础设施建设、人员往来等领域的合作，朝着一体化大市场、多层次大流通、陆海空大联通、文化大交流的目标前进。

——我们要共同支持非洲在谋求强劲增长、加快一体化、实现工业化方面做出的努力，促进非洲经济成为世界经济的新亮点。

——我们要深化互利合作、谋求互利共赢。

——我们要继续增强五国政治互信和人民友谊，加强治国理政经验交流，共同推进工业化、信息化、城镇化、农业现代化进程，把握发展规

---

[1]《习近平谈治国理政》（第一卷），外文出版社2018年1月版，第273页。

律,创新发展理念,破解发展难题。

——我们要把各国的政治共识转化为具体行动,积极推进金砖国家开发银行、外汇储备库等项目,加快各领域务实合作。

这八点主张,以及习近平主席在出访其他国家时发表的所有讲话,贯穿了一个深刻的思想,即他在金砖国家领导人会晤时发表的这篇演讲开头所指出的:"求和平、谋发展、促合作、图共赢,是我们共同的愿望和责任。"[①]

这些主张,以及习近平主席在出访其他国家时发表的所有讲话,已经把中国的和平发展与世界的和平发展紧密地联系起来。世界各国都走和平发展道路,既是中国走和平发展道路的重要条件,也是中国和平发展道路对世界的贡献,并展现了世界和平发展的美好前景。

(三)和平发展道路是融独立自主与合作共赢于一体的新型发展道路

始终不渝走中国和平发展道路,是在开创中国特色社会主义道路的伟大实践中,统筹国内国际两个大局的基础上提出来的;把中国和平发展道路与世界的和平发展联系起来,也是在统筹国内国际两个大局的基础上提出来的。这条道路既强调要始终坚持独立自主的原则,又强调要顺应和平、发展、合作、共赢的时代潮流,是融独立自主与合作共赢于一体的新型发展道路。

自从"中国和平发展道路"这一战略思想提出以来,一开始就有一些误解。有的人认为我们过于强势了,有的人认为我们太软了。这都是因为没有认识到时代潮流已经发生了深刻的变化,没有认识到这是国内国际两个大局对我们提出的新要求,尤其是没有认识到这是一条融独立自主与合作共赢于一体的新型发展道路。

[①]《习近平谈治国理政》(第一卷),外文出版社2018年1月版,第323页。

我们强调和平、发展、合作、共赢是时代潮流，并没有忽视或无视当今世界霸权主义、强权政治和新干涉主义上升，形形色色的保护主义明显升温，军备竞赛、恐怖主义、网络安全等传统安全威胁和非传统安全威胁相互交织，维护世界和平、促进共同发展依然任重道远。特别是在当前阶段，我国发展的外部经济环境和安全形势极为复杂，既面临着难得机遇，也面临着严峻挑战。但是，国际环境越是复杂多变，我们越要坚定走和平发展道路的信心。只有始终不渝坚持走和平发展道路，才能把握和运用好我国难得的重要战略机遇期，实现国家经济社会发展的战略目标，朝着实现中华民族伟大复兴的中国梦胜利迈进。

应该看到，我们的对外开放是以独立自主为基础的对外开放，我们的和平外交政策是独立自主的和平外交政策。我们强调世界各国合作共赢，也是建立在独立自主发展的坚实基础之上的。习近平总书记在中央政治局集体学习时，明确地说过："我们要坚持走和平发展道路，但决不能放弃我们的正当权益，决不能牺牲国家核心利益。任何外国不要指望我们会拿自己的核心利益做交易，不要指望我们会吞下损害我国主权、安全、发展利益的苦果。"[1]这两个"决不能"、两个"不要指望"，恪守的就是"独立自主"原则。

这里也包括在政治体制改革和民主政治问题上，我们也将始终坚持独立自主的原则，走中国特色社会主义政治发展道路，发展选举民主与协商民主相结合的中国特色社会主义民主，而不会脱离中国实际盲目地照抄西方的那一套制度。正如习近平主席在莫斯科国际关系学院演讲时所说的："'鞋子合不合脚，自己穿了才知道'。一个国家的发展道路合不合适，只有这个国家的人民才最有发言权。"

当然，我们知道，在国际关系中，既要坚持独立自主的原则，又要坚持合作共赢，是需要认真研究的一个新问题。

---

[1] 《习近平谈治国理政》（第一卷），外文出版社2018年1月版，第249页。

也就是说，在处理国际关系的时候，怎么把"独立自主"与"合作共赢"融为一体呢？习近平主席回答了这个重大的问题。他说："世界的命运必须由各国人民共同掌握。各国主权范围内的事情只能由本国政府和人民去管，世界上的事情只能由各国政府和人民共同商量来办。"[1]他还说："这是处理国际事务的民主原则，国际社会应该共同遵守。"[2]

总之，我们要像习近平主席所要求的那样，在国内外广泛宣传中国坚持走和平发展道路这一战略思想，引导国际社会正确认识和对待我国的发展。我们要大声地向世界讲清楚，中国不会放弃自己的正当权益，不会牺牲国家核心利益，同时，中国发展也绝不以牺牲别国利益为代价，绝不做损人利己、以邻为壑的事情。中国将坚定不移做和平发展的实践者、共同发展的推动者、多边贸易体制的维护者、全球经济治理的参与者。

综上所述，习近平主席的重要讲话明确了我们今天和今后相当长一个时期做好各项工作，必须坚定和清醒地把握的主线、目标、动力、政治保障、思想条件和国际环境，是当代中国马克思主义的最新成果和我们的行动指南。

（四）中国梦与世界人民的梦想是相通的

当我们讲到历史屈辱和民族自尊自立自强的时候，当我们提出"中华民族伟大复兴"口号的时候，有人会追问："你们要复兴到哪里去？复兴到成吉思汗时代横跨欧亚大陆的大元朝，还是复兴到1840年前的大清朝？"如果这样的提问不是恶意的，就是一种极大的误解。我们所说的民族复兴的中国梦，不是拓展疆域、扩大领土领海，恢复到元朝和清朝鼎盛时期的民族复兴。即使是历史遗留下来的边界问题，我们也主张通过和平谈判解决，并已同周边许多国家解决了划界问题。尽管我们不惧怕任何人强加给我们的战争，但我们追求的是走和平发展道路。

---

[1]《习近平谈治国理政》（第一卷），外文出版社2018年1月版，第274页。
[2] 同上。

为了实现我们的现代化,我们已经在国际社会反复强调,中国的民族复兴之路是中国和平发展道路。实现中国梦,给世界带来的是和平,不是动荡;是机遇,不是威胁。中国在历史上遭到过列强的侵略、欺侮和压迫,深知一个民族被干涉、无尊严的痛苦。"己所不欲,勿施于人。"中国共产党人早就指出,中国始终不渝地走和平发展道路,始终不渝奉行互利共赢的开放战略。习近平主席在美国还说过:"中国梦要实现国家富强、民族复兴、人民幸福,是和平、发展、合作、共赢的梦,与包括美国梦在内的世界各国人民的美好梦想相通。"[1]

对此,已经为越来越多的外国专家学者、企业家和政治家所认识或认同。在这样一个特定的意义上,我们可以说:中国的和平发展,也为外国人到中国市场发展带来了富有吸引力的梦想。这是另一类中国梦。

有人说,中国的和平发展,势必同现有的唯一的超级大国——美国发生冲突。对此,美国兰德公司的高级经济顾问查尔斯·沃尔夫并不赞成。他说:国际关系理论中的现实主义学派倾向于假定大国之间的关系是零和关系。这种现实主义学派的潜在命题是"国际空间有限":如果一个大国的发展占据了更多的国际空间,其结果就是使得其他大国可占据的国际空间减少。但同这种观点相反,我的观点就类似宇宙论观点,即宇宙空间是不断扩展的:在一个全球化了的经济、政治和社会环境中,一个国家的"和平发展"将扩大其他国家可占据的经济、政治、社会空间。中国的"和平发展"将为美国提供更多可占据的经济、政治和社会空间。同样,美国的"和平发展"也将为中国提供更多可占据的经济、政治和社会空间。人类社会自工业革命以来,进入工业社会和后工业社会的国家总人口约13亿左右。也就是说,比较有购买力的市场主要是这13亿人的市场。现在中国发展了,在世界大市场中增加了13亿多人口这样一个市场,对美国也好,对世界各国也好,显然是提供了极大的市场空间。

---

[1]《习近平谈治国理政》(第一卷),外文出版社2018年1月版,第279页。

中国周边国家的政治家，也有不少人已经意识到，中国的和平发展和快速增长将为他们带来更多更好的发展机会。菲律宾前总理拉莫斯说："为什么亚洲的发展中国家应该同中国积极接触，还有许多其他原因，其中重要一条就是中国已经成为区域增长的发动机。"联合国亚太经社会（UNESCAP）指出，亚洲的发展中国家连续两年经济稳定增长，增长速度超过了全球经济以及其他所有的发展中国家集团。许多人已经认识到"作为东亚的增长发动机，中国变得越来越重要"。东盟+中国机制也使得东盟国家可以获得新兴的中国大企业的对外投资。中国的大型企业已经开始在东南亚设厂，作为出口平台，享受东盟的自由贸易（AFTA）优惠关税。东盟同中国遍布世界的网络的联系十分紧密，可以预见东南亚将成为不断增长的中国投资的主要目的地。

事实表明，中国经济的发展，不仅造福中国人民，也为世界各国提供了更多的投资机会和更广阔的市场，正在成为亚太地区和世界经济增长的重要推动力量。至于在中国经济发展中，同世界上一些发达国家发生贸易摩擦，这是难以避免的，但可以通过谈判和协商加以解决。而且，当前国际贸易格局，说到底，是国际产业转移和分工调整的结果。这几年，中国对外贸易快速发展，同时各国尤其是发达国家通过投资和服务贸易也从中国获得丰厚收益。也就是说，从总体而言，中国和平发展的过程是同中国企业与外商互利共赢的过程。

总之，中国梦是和平、发展、合作、共赢之梦，和世界人民的梦想是相通的。

二

构建人类命运共同体的世界梦

> "世界怎么了,我们怎么办?"这是今天世界各国人民都关注和思考的一个大问题。中国国家主席习近平在联合国日内瓦总部发表的演讲提出了一个解决这一世界难题的"中国方案"——构建人类命运共同体,实现共赢共享。

习近平新时代中国特色社会主义思想的历史定位和世界意义①

我们注意到,大家对于党的十九大确立习近平新时代中国特色社会主义思想的指导地位,十分感兴趣。这里,围绕今天研讨会要讨论的主题——习近平新时代中国特色社会主义思想的历史定位和世界意义,谈几点认识,同大家交流。

(一)什么是习近平新时代中国特色社会主义思想?中国共产党提出新的指导思想,是否意味着党的政治方向改变了?

"习近平新时代中国特色社会主义思想"这个名称已经清楚地告诉了人们,习近平新时代中国特色社会主义思想同邓小平同志创立的中国特色社会主义理论一脉相承,是中国特色社会主义理论体系的重要组成部分;同时,它又是在今天这个新时代的实践中形成的,承担着新的任务,是马克思主义中国化的最新成果。

我们都知道,自从邓小平同志开辟中国特色社会主义道路以来,中国共产党人在实践中不断丰富和发展中国特色社会主义理论,形成了邓小平理论、"三个代表"重要思想、科学发展观,现在又增加了习近平新时代

---

① 本文是作者在2018年4月11日由国家创新与发展战略研究会、中国外文局和21世纪理事会在英国伦敦联合举办的"新时代中国"国际研讨会第一单元研讨会上的发言。

中国特色社会主义思想。这说明中国共产党虽然快满100岁了，但仍然是一个既有坚定不移的政治方向，又朝气蓬勃、充满创造力的年轻的政党。

习近平新时代中国特色社会主义思想和邓小平理论、"三个代表"重要思想、科学发展观好比大江大河在向前方流动时会不断吸纳新水流形成一个一个河段，但其主题都是中国特色社会主义，是一脉相承的。也就是说，党的十九大后中国的政治方向没有改变，更没有倒退。

（二）习近平新时代中国特色社会主义思想承担着什么新任务？

我们说习近平新时代中国特色社会主义思想承担着新时代的新任务。

什么任务？这就是党的十九大宣布的：在2020年全面建成小康社会后"分两步走"，在2035年基本实现现代化，到2050年全面实现现代化，实现中华民族伟大复兴。

中国人之所以有那么强烈的"民族复兴"使命感，是因为中华民族近代以来落后了、倒霉了。落后，是因为当年中国的封建王朝腐朽，错过了世界范围工业革命和第一轮现代化的机会；倒霉，是因为落后挨打，从1840年鸦片战争以来，世界上几乎所有的列强都欺负过我们。因此，中国共产党从成立的第一天起，就把实现中华民族伟大复兴作为自己的历史使命。

习近平总书记关于民族复兴，讲了两个词：中国梦（Chinese Dream）。中国梦的内涵和实质，一是"国家富强"，二是"民族振兴"，三是"人民幸福"。因此，民族复兴的任务，不是要对外搞扩张，而是要实现工业化和现代化，要赶上时代。

如果画一个坐标，纵坐标是年份，横坐标是工业化和现代化程度，那么，1949年前的中国处于负工业化现代化阶段，1949年后进入工业化现代化发展阶段，其中1978年改革开放后进入工业化现代化快速发展阶段。在这个坐标中，现在处于什么阶段？就是处于最后实现工业化和现代化的关键阶段。因此，中国今天在以习近平同志为核心的党中央领导下，确定了一个宏大的目标。这就是：到21世纪中叶实现社会主义现代化和中华民族伟大复兴。

正是在这个意义上，我们说习近平新时代中国特色社会主义思想是全党全国人民为实现中华民族伟大复兴而奋斗的行动指南。

（三）提出习近平新时代中国特色社会主义思想是要解决什么矛盾和问题？

党的十九大引人注目地提出，进入新时代，中国的社会主要矛盾已经转化为人民日益增长的美好生活需要和不平衡不充分的发展之间的矛盾。"社会主要矛盾"是中国化的政治术语，它说明的是今天的中国重点要解决什么问题。关注中国问题，研究中国问题，都要懂得这样具有导向性的政治术语。

这个政治术语表明，习近平主席在国家治理方面要用力的方向——

一是解决发展不平衡问题。中国最大的不平衡是城乡发展的不平衡。2017年城镇居民人均可支配收入是36396元，农村居民人均可支配收入是13432元。这就需要在完善市场经济和加快城乡特别是农村发展的同时加大宏观调控的力度，需要中国共产党通过全面领导来总揽全局、协调各方。

二是解决发展不充分问题。中国最大的不充分是农村特别是边远乡村和山区发展的不充分。2017年农村地区还有贫困人口3046万人。这就需要在推进城镇化的同时实施乡村振兴战略，加大精准扶贫、深度脱贫力度，加快农业和农村现代化。

三是满足13亿多中国人民更高水平的物质文化需要。这就需要加大供给侧结构性改革力度，实施创新驱动等发展战略，建设现代化经济体系，大力解放和发展生产力。

四是满足越来越多的人民群众在民主、法治、公平、正义、安全、环境等方面日益增长的需要。这就需要坚持经济建设、政治建设、文化建设、社会建设、生态文明建设"五位一体"的建设和改革。

只要这些问题比较好地解决了，中国的现代化和民族复兴的难题就能够比较好地破解了。也就是说，观察中国的政治走向，不能凭道听途说或者主观想象，评论是前进了还是倒退了，而要看中国共产党致力于解决的主要矛盾是什么，中国共产党治国理政的方向是什么。

（四）习近平新时代中国特色社会主义思想对于世界的和平与发展有什么意义？

习近平新时代中国特色社会主义思想作为中国经验、中国智慧、中国方案的集中体现，是中国的，同时也体现了中国为人类做出应有贡献的理念。实践证明，中国的许多经验，是可以为世界特别是发展中国家分享的。

比如，一个13亿多人口的大国全面建成现代化强国，而且走的是"和平崛起"这样一个不同于以往工业化国家的现代化道路，给世界上那些既希望加快发展又希望保持自身独立性的国家和民族提供了全新选择。这不就有世界意义吗？

比如，中国解决发展不平衡不充分问题，对于落实联合国《2030可持续发展议程》也是一个重大举措。这不就有世界意义吗？

比如，中国通过自己的努力来满足13亿多人民对物质文化社会更高的要求，让世界五分之一的人口过上幸福生活，并且在改革发展中保持政局稳定和社会稳定。这不就有世界意义吗？

比如，中国向世界提供了一个13亿多人口的超大型市场，为各国对华贸易和投资以及由此带来的那些国家的经济发展提供了机遇。这不也有世界意义吗？

比如，中国在扶贫脱贫、环境保护、传染病控制等问题上取得的经验，为世界各国提供了极其珍贵的经验。这不也有世界意义吗？

特别是，中国在当今世界极其复杂的形势下，为世界和平与发展提供的"构建人类命运共同体"的"中国方案"。这更有世界意义了。

总之,习近平新时代中国特色社会主义思想对内坚定不移而没有改变走中国特色社会主义道路,对外始终不渝而没有改变走中国和平发展道路。最近刚刚闭幕的全国人民代表大会,已经把中国这样的选择写进了新修订的宪法。这对中国人民是福音,对世界人民当然也是福音。

习近平外交思想
是马克思主义中国化的全方位外交思想[①]

我们的外交事业,创造了绚丽的昨天,立足在精彩的今天,正在走向辉煌的明天。今天之所以精彩,明天之所以辉煌,是因为我们正处在一个大变动、大转折的新时代,我们的事业有习近平外交思想的指导。这一思想是习近平新时代中国特色社会主义思想的重要组成部分,是反映中国特色社会主义新时代客观要求的,坚持以中国始终不渝走和平发展道路和推动构建人类命运共同体为目标的,马克思主义中国化的全方位外交思想。

第一,习近平外交思想是在中华民族伟大复兴的关键阶段和世界百年未有之大变局相互交汇、相互激荡的时代条件下应运而生的

实现中华民族伟大复兴是近代以来中国人最伟大的梦想,现在我们离实现这一梦想越来越近了,行进到了"行百里者半九十"的关键阶段。而实现中华民族伟大复兴,不仅和中国的发展息息相关,还和世界大局的变动密不可分。中国在第一轮经济全球化大潮中错过历史机遇,落后挨打;在第二轮经济全球化大潮被世界大战打断而引起社会主义革命和民族独立高潮的历史条件下,中国经过艰苦卓绝的人民大革命赢得了民族独

[①] 本文是作者2019年7月11日在中联部和光明日报社联合举办的"习近平外交思想"理论研讨会上的演讲。

立和人民解放,"占人类四分之一的中国人从此站立起来了";在第三轮经济全球化大潮兴起之时,中国果断抓住机遇,推进改革开放,建立社会主义市场经济,全面参与经济全球化,主动投入信息化潮流,实现了跨越式发展,中国人在"富起来"的基础上开始向"强起来"的梦想奋进。

正在这个时候,世界出现了百年未有之大变局,一方面,和平、发展、合作、共赢成为时代潮流,互联网、大数据、云计算、人工智能迅猛发展;另一方面,全球性问题层出不穷,特别是在贸易保护主义和民粹主义推动下兴起的逆全球化思潮,给世界带来了极大的不确定性,也给中国实现中华民族伟大复兴带来了极大挑战。"世界怎么了,我们怎么办",成为人们重大的关注点。习近平外交思想就是在这样深刻变动的国内大局和国际大局背景下应运而生的。

第二,习近平外交思想是在"不忘初心、牢记使命",回答中国和世界面临的时代课题中应运而生的

面对着如此深刻变动的国内国际两个大局,一系列前所未有的重大课题尖锐地摆在我们面前。习近平总书记是一个具有深邃的哲学思想、宏大的历史思维、宽广的世界眼光和自觉的使命感的马克思主义政治家。在回答今天我们面临的重大问题之前,他总是首先思考一个最基本的问题:我们从哪里来、现在在哪里、将到哪里去?"大哉问"!我们知道,这是一个古老的哲学命题。习近平总书记坚持穷根究底的哲学精神,来回答中华民族伟大复兴的关键阶段和世界百年未有之大变局中发生的问题,并以此形成新时代中国外交思想,实在难能可贵!

在外交工作中提出和思考"我们从哪里来、现在在哪里、将到哪里去",就是要求我们深入地思考一下我们中国共产党的"初心"和"使命"是什么,新时代的外交工作怎么更好地"守初心,担使命"。习近平总书记说过:"中国共产党是为中国人民谋幸福的党,也是为人类进步事业而奋斗的党。"①"中国共产党所做的一切，就是为中国人民谋幸福、为中华民族谋复兴、为人类谋和平与发展。"②他不仅深刻地思考了我们正在建设的中国特色社会主义从哪里来、现在在哪里、将到哪里去，不仅深刻地思考了中华民族伟大复兴从哪里来、现在在哪里、将到哪里去，而且深刻地思考了今天的世界从哪里来、现在在哪里、将到哪里去。比如他说："回首最近100多年的历史，人类经历了血腥的热战、冰冷的冷战，也取得了惊人的发展、巨大的进步。"③"这100多年全人类的共同愿望，就是和平与发展。然而，这项任务至今远远没有完成。我们要顺应人民呼声，接过历史接力棒，继续在和平与发展的马拉松跑道上奋勇向前。"④

正是在这样的思考中，他强调指出：对于中国共产党人来讲，我们在直面"新时代坚持和发展什么样的中国特色社会主义、怎样坚持和发展中国特色社会主义"这一重大时代课题时，在外交工作中必须更加积极主动地为坚持和发展新时代中国特色社会主义服务，为实现中华民族伟大复兴服务，为人类的和平与发展服务。习近平外交思想就是这样在"不忘初心、牢记使命"，回答中国和世界面临的时代课题中应运而生的。

第三，习近平外交思想是以中国始终不渝走和平发展道路和推动构建人类命运共同体为目标的外交思想

面对中华民族伟大复兴的关键阶段和世界百年未有之大变局，中国外交需要解决两个重大问题：一是快速发展的中国如何和世界相处，二是世界应该是什么样的世界。

中国在进入21世纪之初，就已经向世界宣示：中国始终不渝走和平发展道路。也就是说，一个正在快速成长的中国决不走殖民主义老路，决不

---

① 《习近平谈治国理政》（第三卷），外文出版社2020年6月版，第436页。
② 同上。
③ 《习近平谈治国理政》（第二卷），外文出版社2018年1月版，第537页。
④ 同上，第538页。

走后发工业化国家通过战争来实现现代化的死路,决不走扩张主义和霸权主义的绝路。国际社会此起彼伏的"中国威胁论""中国崩溃论"都是没有根据的臆断。中国成为世界第二大经济体后,在国际社会一些戴着有色眼镜看中国的人中,出现了各种各样的奇谈怪论。针对这种情况,习近平总书记在对外工作中先后提出了中国和世界的关系,已经形成了"利益交汇点""利益共同体""命运共同体"等全新的思想,深刻地阐述了一个正在走向"强起来"的中国同世界的相处之道,不是发动战争,不是恃强凌弱,不是损人利己,更不是称霸世界,而是和大家一起共同构建人类命运共同体。

习近平总书记的人类命运共同体思想,不仅回答了一个强盛起来的中国如何同世界相处的问题,而且提出了在当今世界应该建构什么样的国际关系和国际秩序的"中国方案"。他指出,国际社会应该从伙伴关系、安全格局、经济发展、文明交流、生态建设等方面,共同来建设一个持久和平、普遍安全、共同繁荣、开放包容、清洁美丽的世界。为此,中国将以推动构建人类命运共同体为外交工作目标,坚定不移做和平发展的实践者、共同发展的推动者、多边贸易体制的维护者、全球经济治理的参与者。

第四,习近平外交思想是统筹国内国际两个大局、统筹发展安全人权三件大事的全方位外交思想

新中国成立以来,特别是改革开放以来,我们的外交工作突飞猛进,出现了天翻地覆的历史性变化。中国特色社会主义进入新时代以来,在习近平新时代中国特色社会主义思想指引下,特别是在习近平总书记亲力亲为下,中国外交已经形成了统筹国内国际两个大局、统筹发展安全人权三件大事的全方位外交大格局。

所谓"全方位",从外交工作布局来看,大国外交、周边国家外交、发展中国家外交、多边外交特别是在联合国(包括联合国安全理事会、经社理事会、人权理事会）和国际组织、地区组织之间开展的外交越来越活跃。除了中美关系外，中俄关系、中欧关系、中非关系、中阿关系等各方面外交工作已经全面展开。

所谓"全方位"，从外交工作主体来看，除了国家外交、政党外交外，人大外交、政协外交、人民团体外交、各个部门外交、舆论媒体外交等各个方面外交全面推进。特别是公共外交、民间外交迅猛发展。

所谓"全方位"，从外交工作领域来看，除了处理国家关系、政党关系外，经济贸易关系、文明对话和文化交流、人权对话和交流、军队对话交流和合作、司法交流和合作包括全球追查腐败分子的合作、安全合作包括网络安全等各个领域的外交工作已经全面展开。特别是在实施全方位开放战略的进程中，各个领域的外交工作和经济对外开放紧密配合，成绩显著。尤其是"一带一路"倡议的实施，既把经济全球化推进到了一个陆海内外联动、东西双向互济、线上线下联通的新阶段，又推动外交工作进入一个经贸、人文、安全等各方面相互合作的综合外交阶段。

所谓"全方位"，从外交工作的对象来看，除了各国国家元首、外交官和其他官员外，外国议员、企业家、学者、人权工作者、文化工作者、社会工作者都在成为外交工作的对象。

所谓"全方位"，从外交工作渠道来看，已经形成了一轨、二轨、一轨半等各种外交渠道相互配合的新格局。智库之间的交流也已相当活跃，为破解国家之间和国际关系中的各种难题发挥了积极作用。近年来，主场外交又成为外交工作新渠道，对于提升中国新形象发挥了极其重要的作用。

第五，习近平外交思想是中国共产党对外交工作实行全面领导的外交思想

"党政军民学，东西南北中，党是领导一切的。"进入新时代以来，特别是在全面深化改革包括机构改革中，从中央到地方，已经有效地形成

了党领导外交工作的领导体制和管理方式。与此相联系，在外交工作中全面从严治党工作，特别是加强外事工作纪律等工作也呈现出前所未有的新气象新局面。这种党领导外交工作的体制机制，已经成为在完善和发展中国特色社会主义制度中推进国家治理体系和治理能力现代化的一大亮点。

综上所述，习近平外交思想是习近平新时代中国特色社会主义思想的重要组成部分，是中国共产党的外交工作思想在马克思主义中国化进程中形成的最新成果，是全面推进中国外交工作的行动指南。

构建人类命运共同体的坚实基础①

"构建人类命运共同体，实现共赢共享"这个"中国方案"，是中国对人类做出的杰出贡献。自从习近平总书记2013年提出"构建人类命运共同体"这一倡议，到2017年1月18日在联合国日内瓦总部演讲后这一理念被写进联合国有关文件，反映了人类命运共同体理念得到了国际社会广泛的响应和赞同，这一倡议正在从理念转化为行动。这一根本性的历史性的转变，证明了构建人类命运共同体的理念是有坚实基础的。

首先，构建人类命运共同体是有坚实的时代基础的。回首最近100多年的世界历史，人类经历过血腥的热战、冰冷的冷战。20世纪就遭受了两次世界大战的劫难。一直到20世纪70年代末、80年代初，由于有资格打世界大战的超级大国的战争部署受挫，和平与发展成为时代的主题。从20世纪与21世纪之交开始，和平、发展、合作、共赢成为时代潮流。尽管今天的世界依然面临着层出不穷的挑战，包括冷战思维和强权政治阴魂不散，兵戎相见也不间断，非传统安全威胁持续蔓延，但是人类对于和平与发展越来越渴望。今天我们提出构建人类命运共同体的倡议，并得到世界范围广泛的响应，就是在这样的时代背景下发生的。

其次，构建人类命运共同体是有坚实的物质基础的。习近平总书记在

---

① 本文是作者2018年3月24日在中联部和光明日报社联合举办的"人类命运共同体理念与全球治理体系变革"研讨会上的演讲。

提出"人类命运共同体"理念之初,经常使用的一个提法是"你中有我、我中有你的命运共同体"。不同社会制度、不同历史文化背景、不同利益的国家之所以会形成"你中有我、我中有你"的格局,是因为世界市场经济特别是经济全球化造就了这样的利益格局和特点。在经济全球化不断推进过程中,参与方之间形成了不同层次的利益交汇点,并在此基础上形成了"你中有我、我中有你"的利益共同体,人类命运共同体就是建立在这样坚实的物质基础之上的,因而是不可逆转的。

再次,构建人类命运共同体是有坚实的科技基础的。习近平总书记在论述人类命运共同体理念的时候,注意到今天的世界已经成为一个"地球村",特别是在信息化大幅度推进的当下,互联网、大数据、云计算、量子卫星、人工智能迅猛发展,人类生活的关联前所未有。这种信息化带来的变量,无论是正面的,还是负面的,都使得世界各国人民的前途命运越来越紧密地联系在一起。这是我们构建人类命运共同体坚实的科技基础。

又再次,构建人类命运共同体是有坚实的思想基础的。中国人能够提出这样先进的国际关系新理念,是因为中国文化崇尚的是"和而不同""协和万邦",中国坚持走的是和平发展道路。而国际社会能够广泛接受这样的理念,则是因为建立公正合理的国际秩序是近代以来人类孜孜以求的目标。从360多年前《威斯特伐利亚和约》确立的平等和主权原则,到150多年前日内瓦公约确立的国际人道主义精神;从70多年前联合国宪章明确的四大宗旨和七项原则,到60多年前万隆会议倡导的和平共处五项原则,国际关系演变积累了一系列公认的原则。习近平总书记说:"这些原则应该成为构建人类命运共同体的基本遵循。"[1]

综上所述,习近平总书记提出的"构建人类命运共同体,实现共赢共享"的"中国方案",不仅仅是一种美好的愿望,更是一个具有坚实基

---

[1]《习近平谈治国理政》(第二卷),外文出版社2018年1月版,第539页。

础的科学理念。我上面谈的认识，全部来自习近平总书记的论述和我的学习体会。我们中国的理论工作者应该深入学习和研究习近平总书记提出的"构建人类命运共同体"这一先进的国际关系新理念。我们要以一种"为中国人民谋幸福、为中华民族谋复兴、为人类谋和平与发展"的历史使命和时代意识，自觉地把习近平新时代中国特色社会主义思想作为我们研究国际问题的科学指南。

中国发展新理念新实践
为国际广泛合作提供新机遇①

在中国特色社会主义进入新时代后，中国形成和提出了以人民为中心的，以创新、协调、绿色、开放、共享为主要特点的发展新理念，开始了由高速增长阶段向高质量发展阶段转型的新实践。这一发展新理念新实践，为中国和世界各国开展广泛的互利合作提供了新机遇。

（一）单边保护主义违背时代潮流没有前途

今天的世界，出现了苏东剧变以来又一次剧烈的大动荡。苏东剧变带来的，是世界格局的变化，是东西方冷战的结束。这次动荡的结局是什么，现在还看不准，但是由于这次动荡的推手是世界上唯一的超级大国美国，他们在"美国优先"的口号下，推行单边主义、保护主义，打破了经济全球化的秩序和国际合作的格局，波及面不仅包括被美国称为战略对手的中国，还包括美国的长期盟友欧洲和日本等国，从太平洋两岸到大西洋两岸，风急浪高，到处充满挑战。

这种单边主义、保护主义，给世界带来的是什么？是福音吗？绝不是！在安全方面，单方面退出伊核协议，对中东来讲是乱上添乱；在发展方面，从退出北美自由贸易协定开始，到对中国和欧盟等国家利用关税开

---

① 本文是作者2018年7月23日在中国文化和旅游部、中国社会科学院共同主办的2018"汉学与当代中国"座谈会上的发言。

打贸易战,并扬言退出自由贸易组织,单方面破坏自由贸易规范,使得尚在复苏中的世界经济雪上加霜,又遭受新的打击。

这种单边主义、保护主义,给美国人民带来的是什么?是福音吗?也不是!在短期内,实施"美国优先"口号下的各项举措,对美国解决国内的就业问题、改变贸易逆差会有好处,但在经济全球化的今天,产业链已经形成全局布局的格局,美国和中国、美国和欧洲、中国与欧洲之间已经形成"你中有我、我中有你"的大局面,而贸易战一开打就会打到产业链,甚至打到金融领域,最后必定伤及美国自身的消费者和美国的跨国公司。

这种单边主义、保护主义,对美国来讲,更坏的影响,是美国的道德形象。现在世界上已经出现这样的舆论:美国"说话不算话","朝令夕改","不可信任","无赖",等等。美国本来道德形象就不好,已故美国战略家布鲁津斯基早在20世纪90年代初就提醒过美国领导人,美国要想抓住苏东剧变后的历史机遇,成为世界唯一的超级大国而不败落,必须改变美国在世界人民心目中不佳的道德形象。而美国现在的做法十分短视,把美国的道德形象搞得更糟了。这对美国的长期战略来讲,绝不是福音。

因此,我们完全可以这样说,违背时代潮流的单边主义、保护主义,是没有前途的。

(二)在广泛的国际合作中构建共赢共享的人类命运共同体

当今世界经济的发展确实出现了许多结构性的矛盾和问题,靠单边主义、保护主义解决不了这些问题,唯有靠进一步深化和拓展国际合作,构建人类命运共同体,才能实现各国共赢共享,造福世界人民。

经济全球化是当今世界的最大特点。伴随着世界市场经济的发展,特别是生产社会化程度的提高和产业链的拉长,各个国家的经济依存度越来越大。在这样的背景下,拥有不同利益的国家之间,尽管他们的经济发展水平可以不同,历史文化可以不同,甚至社会制度和意识形态也可以不同，但在市场经济中总有利益的交汇点。这些利益交汇点就是各个不同国家之间的共同利益。在这样的基础上，就会形成各种不同层次的利益共同体。与此同时，我们也看到，在世界经济发展的过程中，各个国家之间不可避免会有发展水平、速度和质量的差异，也不可避免会有这样那样的竞争。应该讲，既有合作，又有竞争，是市场经济的常态。我们在合作和竞争中，应该扩大共同利益，而不是缩小共同利益，只有这样，才有利于世界经济的发展。在合作和竞争中，出现这样那样的矛盾时，我们是维护已经形成的利益共同体，还是削弱甚至解构这样的利益共同体，不仅关系到这些国家之间的前途命运，还关系到整个人类的前途命运。因此，中国的国家主席习近平提出，为了人类的进步，为了子孙后代的幸福，各个国家要相互携手，共同来构建人类命运共同体。人类命运共同体的特点，是共商、共建、共赢、共享，而不是只顾自己利益而不顾他人利益的单边主义、保护主义，这是迄今为止解决世界经济问题的最佳方案。

需要指出的是，今天世界的问题有很多，造成这些问题的原因也有很多。不能把什么问题都归咎于经济全球化，更不能把本国的问题都归咎于别的国家。比如难民潮问题，主要是地区战乱造成的，和经济全球化根本没有关系。至于在经济全球化进程中，各个国家之间会出现贸易顺差或逆差问题，以及国内就业率和国民收入增加或减少等问题，这些问题的出现，情况比较复杂，要具体分析。比如有的国家以安全为由严格控制本国的出口，势必造成贸易的逆差。又比如有的国家为了追求利润最大化，在扩大向外投资时造成本国经济空心化，就会导致本国就业率的下降和国民收入的减少。再比如在技术进步的情况下，也会出现劳动生产率提高而就业率下降的情况。也就是说，对我们面临的问题要采取实事求是的分析态度，而不是把本国经济发展中出现的问题统统归咎于别人，归咎于所谓的"不公平"。至于世界贸易规则有没有不足，这些问题是可以一起来讨论，不断解决和完善的。我们历来主张，通过协商而不是诉诸对抗来解决问题。

一句话，只有在广泛的国际合作中构建共赢共享的人类命运共同体，才是最好的选择、最佳的出路。

（三）发展新理念引领下的中国发展是国际合作的新机遇

今年是中国改革开放40周年。众所周知，中国在对内改革和对外开放中迅速成长，不仅改变了自己落后的面貌，而且为世界经济发展做出了积极的贡献。中国虽然不是经济全球化的设计者和倡导者，但是经济全球化的积极参与者和推动者。中国不仅主张扩大国际合作，而且愿意把中国的大市场和发展经验贡献给世界，成为各国共同发展的机遇，成为深化国际广泛合作的机遇。

中国经济经过30多年快速发展，现在正在由高速增长阶段向高质量发展阶段转型。面对这种新情况，以习近平同志为核心的中共中央提出了创新、协调、绿色、开放、共享的发展新理念。党的十九大进一步提出，要在这样的发展新理念引领下，转变发展方式，优化经济结构，转换增长动力，建设现代化经济体系，并把这一举措作为实现经济转型的战略决策和中国长远发展的战略目标。这样的新理念，这样的新实践，这样的新发展，势必成为国际合作的新机遇。

首先是因为，高质量的发展将为中国人民提供高质量的生活，从而为世界经济发展提供13亿多人口构成的高需求的市场。我们讲中国特色社会主义进入了新时代，对于什么叫"新时代"，习近平主席有一个十分通俗的回答。他说，过去，我们要解决的是"有没有"的问题，现在是要解决"好不好"的问题。也就是说，"新时代"是满足人民群众对于美好生活向往的时代。13亿多人口过上好日子，会产生多么大的需求，形成多么大的市场！当中国把这样大体量的市场贡献给世界时，对于国际合作来讲不就是一个极大的发展机遇吗？！

其次是因为，创新、协调、绿色、开放、共享的发展新理念带来的是一个全面发展的中国经济，从而为世界各国企业家到中国投资创业提供了新的机遇。无论是创新，还是协调、绿色、开放、共享，每一个发展新理念都是一篇发展的大文章。而撰写这一篇篇大文章的作者，是中国人民和中国人民的朋友。每一个有眼光有作为的企业家、投资者都可以抓住机会，在这一篇篇文章中写出自己的精彩。

再次是因为，中国贯彻发展新理念是要建设一个现代化的经济体系，这也为推进广泛的国际合作提供一个大有作为的新天地。党的十九大在规划未来经济发展时，提出了一个崭新的战略目标，这就是建设中国的现代化经济体系。这个经济体系的要素，一是坚持质量第一、效益优先，以供给侧结构性改革为主线；二是着力加快建设协同发展的产业体系；三是着力构建市场机制有效、微观主体有活力、宏观调控有度的经济体制。中国将以开放的姿态来建设这样的现代化经济体系，并且在更加广泛的国际合作中让世界各国从中广为受益。

综上所述，中国共产党在中国特色社会主义进入新时代后提出的创新、协调、绿色、开放、共享的发展新理念，开始了新时代中国特色社会主义的新实践。这一发展新理念新实践，为中国和世界各国开展广泛的国际合作提供了难得的新机遇。

三

统筹国内国际两个大局

"世界潮流，浩浩荡荡，顺之则昌，逆之则亡。"要准确把握时代潮流，必须正确认识国内国际两个大局，善于统筹国内国际两个大局。

以战略眼光把握中国与世界①

近年来,和平与发展的时代主题没有变,国际关系大格局和大趋势没有变;同时,天下仍很不太平,中国周边关系出现新变化,邻海主权争议也趋于明显,中国与世界的关系更趋复杂。一些人据此怀疑中国的和平发展道路、和谐世界的理念还能否坚持。党的十八大以来,习近平总书记一而再、再而三地强调中国将一如既往地坚持走和平发展道路,在博鳌亚洲论坛2013年年会上的主旨演讲中进一步宣布"中国愿同五大洲的朋友们携手努力,共同创造亚洲和世界的美好未来,造福亚洲和世界人民"。这就是最权威的中国声音,回答上述质疑的中国声音。

同时,我们也注意到,中国与世界关系的新变化,是天下大势给我们的外交与国际战略提出的新课题。对于我们来说,如何使中国更好地和世界融为一体,确实亟待讨论与谋划。党的十八大报告就中国与世界的关系这一问题提出了八个字,即和平、发展、合作、共赢。这一提法体现了我们对中国与世界关系的新考量。比如广泛讨论的中美关系,双方的利益决定了中国离不开美国,美国也离不开中国,尽管双方有文化、意识形态以及社会制度的差异,并带来全球利益上的矛盾,但是大格局是谁都离不开谁。这个大趋势谁也改变不了,无非是怎么把它调整到最佳方位上去。又比如党的十八大提出同发达国家"建立长期稳定健康发展的新型大国关

---

① 本文是作者2018年7月15日在清华大学主办的世界和平论坛"国际规范和世界秩序"研讨会上的演讲。

系",也是一个新的题目,这不仅包括中美关系,也包括与其他大国也要建立新型关系,而其基本要求是和平发展、合作共赢。

中国与世界关系的新变化,意味着我们在坚持和平发展道路、奉行开放战略的过程中,进入了新的发展阶段。正如习近平总书记在博鳌亚洲论坛2013年年会上的主旨演讲中深刻指出的:"亚洲和世界和平发展、合作共赢的事业没有终点,只有一个接一个的新起点。"新起点也好,新阶段也好,新就新在和平发展、合作共赢的"全方位"上。今天,我们倡导和平发展、合作共赢,指向的范围比以往任何时候都广泛。原来,我们讲和平发展道路,更多针对的是美国、欧洲,而现在不仅要考虑美国、欧洲的问题,还要统筹考虑其他区域,全方位坚持我们的和平发展道路、实施我们的开放战略。

中国的开放战略在调整,开放的范围在向西部推移。如果说以往的开放是往东走的话,那么现在往西的方向也在逐渐打开。在这个对外方向上,有上合组织的国家,有金砖五国,还有非洲,以及我们的近邻南亚地区国家。可以说,我们的开放,东部往太平洋去的方向要继续做工作,而西边包括西南方向则是要开拓的新方向。这样的开放,才是全方位的开放。

对外开放这种新趋向,要求我们在战略调整中把握好几个政策要点。首先,应坚持和平发展道路。中国在发展过程中不挑战国际秩序,但应同世界各国,特别是新兴市场化国家一起来推进世界秩序的改革。其次,在和平发展合作基础上坚持共赢原则,形成更广泛的利益交汇点,扩大利益共同体。可以说,中国从对外开放到加入WTO,走和平发展道路,实际上就是在努力形成和扩大各方的利益交汇点,这不仅对中国而且对世界都带来极大的好处。再次,在战略互信基础上,建立多种形式的危机预防和控制机制,把危机控制在安全和发展的范围内。国际事务中不可能没有危机,关键是形成危机预防和控制机制。此外,还应通过深化国内改革来引导国际舆论,向世界展示中国强大而可亲、可信的新形象。

思考和谋划中国与世界关系时，怎么"走出去"的问题首先要考虑。中国要在世界上真正立足，必须把金融资本和工业资本结合起来走出去；文化也得走出去，为世界人民所接受。从投资的角度来考量，今天的世界不再是殖民主义时代，靠什么来解决"走出去"中的问题，需要认真研究。现在虽有国家战略层面的倡导，但实际上还是散着走出去的，力量并不集中，负面的问题不可忽略。从开放全局来考量，中国和平发展道路能不能成功，关键取决于自身能力，根本在于文明的复兴。文化上的软实力来自文化的认同，要在这方面做出像样的文章来。当前文化发展有成绩，但还缺乏思想内涵，我们离文化强国的目标，距离还很远。

思考和谋划中国与世界关系时，如何在对外关系中发掘共同的价值观纽带，也值得探究。在这个问题上，北约的转型是值得重视的例子。冷战结束后华约不存在了，一段时间内北约存在的理由似乎也不再存在，但美国转而强调北约是大西洋两岸所有国家拥有共同价值观的组织，就把一个军事组织变成了一个价值观组织，凡是挑战共同价值观的威胁，北约军队都有权进入。而在我们的国际合作中，缺少价值观是短板，应认真研究上合组织、金砖国家等我们参与其中的国家组织的共同价值观问题，探索建立维系这些组织持久发展的内在纽带。习近平总书记提出"我们应该牢固树立命运共同体意识，顺应时代潮流，把握正确方向，坚持同舟共济，推动亚洲和世界发展不断迈上新台阶"，已经为我们探索这一问题指出了方向。

携手共建南南命运共同体[①]

当今世界正处在一个大发展大变革大调整的时代,具有划时代意义的党的十九大宣布中国特色社会主义已经进入新时代。此时此刻,我们讨论南南合作,正其时也。发展中国家按照"构建人类命运共同体,实现共赢共享"的构想,携手共建南南命运共同体,推进南南合作发展,已经摆到我们面前。

(一)我们之所以能够携手共建南南命运共同体,在于我们有共同的历史经历

我们都经历过国家没有主权、人民没有尊严的,被殖民主义奴役和统治的悲惨历史,这就是我们推进南南合作发展的共同基础、共同需要。

世界史上记载了西方列强贩卖黑奴、掠夺财富和在亚洲、非洲、拉丁美洲建立殖民统治的血腥历史。我们中国和发展中国家有着相似的经历。中国是一个历史悠久的文明古国,曾经为人类的繁荣发展做出过巨大的贡献。但是从1840年鸦片战争起,我们遭受了西方列强野蛮的入侵,他们用枪炮迫使我们签订了709个丧权辱国、割地赔款的不平等条约。我们是在西方八国联军占领首都北京的悲惨时刻进入20世纪的。中华民族一大批志士仁人为了救亡和发展,前仆后继,英勇奋斗,做出了巨大的牺牲。一直

[①] 本文是作者2018年2月1日在中联部主办的万寿论坛"新时代的中国与新型南南合作"研讨会上的演讲。

到中国在共产党的领导下,经过28年浴血奋斗,才在1949年获得了民族独立和人民解放。所以,我们的人民领袖毛泽东在中华人民共和国成立前夕,感慨地说:"占人类总数四分之一的中国人从此站立起来了。"

历史,决定了我们在推进南南合作发展中,有共同的基础、共同的需要。

(二)我们之所以能够携手共建南南命运共同体,在于我们有共同的历史机遇

在和平和发展的时代主题下,我们发展中国家不仅已经是维护世界和平的重要力量,而且正在成为世界经济发展的重要力量,发展中国家在国际事务中正在发挥越来越大的影响力,这就是我们推进南南合作发展的共同基础、共同需要。

我们这样说,不是主观的空想,而是有充分根据的。

首先,纵观当今世界经济的发展走向,呈现出一方面发达经济体矛盾激化,另一方面发展中经济体共同和平崛起的新现象。一大批新兴市场国家和发展中国家异军突起,发展中经济体的增速已经快于发达经济体。新兴市场国家和发展中国家对世界经济增长的贡献率,2016年已经达到80%。有国外学者说,以购买力平价来计算,发达经济体与发展中经济体的整体规模对比,已从1980年的64:36变为2007年的50:50;到了2018年,该比例可能会逆转为41:59,经济增长和发展的天平已在倒向发展中国家。在过去10年中,发展中国家携手同行,成为世界经济的新亮点。可以预期,21世纪第一个10年启动的这一世界经济重心向发展中国家的转移,将在21世纪第二个、第三个以至第四个10年的世界经济长周期大变动进程中,打开发展中经济体共同和平崛起更加广阔的道路。

其次,中国政府提出的"一带一路"倡议,在推进经济全球化进程中为发展中国家加强南南合作创造了新的条件新的机遇。"一带一路"倡议不仅把中国的东中西部的发展进一步连接起来，而且把原来由西方发达国家主导的从大西洋到太平洋的海洋经济全球化，拓展为由"一带一路"沿线国家共同建设的、把海洋经济和内陆经济联通的全方位的经济全球化。"一带一路"倡议的突出贡献，就是在海陆内外联动、东西双向共济中，打造国际合作新平台，增添共同发展新动力，把经济全球化推进到了一个全新的阶段。"一带一路"倡议之所以能够做到这一点，一是因为这一倡议顺应了世界各国特别是内陆发展中国家发展本国经济、改善人民生活的强烈愿望；二是因为信息化的发展和高速公路、高速铁路的出现，使得我们可以依托集装箱海运、空运、高速公路、高速铁路和互联网、现代网络金融工具等新枢纽，全方位打通海洋经济和内陆经济。前不久，从中国东部沿海地区义乌出发的"义新欧"班列抵达英国伦敦的消息，成为世界许多国家的头条新闻，就是一个证明。欧美、亚洲特别是南亚、中亚、西亚的发展中国家和非洲、拉美的发展中国家，在尊重各国主权和平等互利的基础上，通过"政策沟通、设施联通、贸易畅通、资金融通、民心相通"这"五通"，构建起新型的国际合作关系，使得"一带一路"沿线国家形成一个没有霸权主义、没有殖民主义的"命运共同体"，造福这些国家的人民。"一带一路"是我们广大发展中国家共同的机遇。

再次，发展中国家之间已经形成了对话合作的好传统。不久前在中国厦门举行的"金砖国家"领导人会晤中，一致认为开展同其他新兴市场国家和发展中国家的对话合作，是金砖国家的优良传统，在当前形势下具有更加重要的意义。习近平主席在会晤中创造性提出的"金砖+"构想，将进一步推动发展中经济体在南南合作中加快发展。这次新兴市场国家与发展中国家对话会，发出了深化南南合作和全球发展合作的强烈信号。也就是要立足"金砖"又超越"金砖"，深化南南合作，打造"金砖+"的合作模式，建立广泛的发展伙伴关系，打造开放多元的发展伙伴网络，携手走出一条创新、协调、绿色、开放、共享的可持续发展之路，为促进世界经济增长、实现各国共同发展注入更多正能量。

机遇,更决定了我们在推进南南合作发展中,有共同的基础、共同的需要。

(三)我们之所以能够携手共建南南命运共同体,在于我们面临着共同的挑战

我们各个国家由于历史、文化和社会制度的不同,所处社会发展阶段的不同,面临的发展问题也各不相同。但是,我们又有着许多共同需要解决的发展问题,面临着一系列共同的挑战。这也是我们推进南南合作发展的共同基础、共同需要。

当今世界正在经历深刻复杂变化,和平与发展的时代潮流愈发强劲,世界经济增长前景好转。世界多极化、经济全球化、文化多样化、社会信息化深入发展,和平、发展、合作、共赢成为各国人民共同呼声。与此同时,各种全球性挑战层出不穷。发展中国家由于底子薄、现代化起步晚,许多国家还受制于历史形成的诸如教育、卫生等种种条件的制约,全球范围内冲突和贫困尚未根除,加上国际金融危机的深刻影响,我们在发展中面临着大量的挑战和风险。这些挑战,也要求我们加强交流,加强合作。

特别是,2015年9月联合国193个会员国在历史性的首脑会议上一致通过的《2030可持续发展议程》,提出的目标涉及发达国家和发展中国家人民的需求,涉及可持续发展的"社会、经济和环境"三个层面,以及与和平、正义和高效机构相关的重要方面,并强调不会落下任何一个人。新议程提出了17个可持续发展目标,包括在全世界消除一切形式的贫困;消除饥饿,实现粮食安全,改善营养状况和促进可持续农业;确保健康的生活方式,促进各年龄段人群的福祉;确保包容和公平的优质教育,让全民终身享有学习机会;实现性别平等,增强所有妇女和女童的权能;为所有人提供水和环境卫生并对其进行可持续管理;确保人人获得负担得起的、可靠和可持续的现代能源;促进持久、包容和可持续的经济增长,促进充分的生产性就业和人人获得体面工作;建造具备抵御灾害能力的基础设施,

促进具有包容性的可持续工业化，推动创新；减少国家内部和国家之间的不平等；建设包容、安全、有抵御灾害能力和可持续的城市和人类住区；采用可持续的消费和生产模式；采取紧急行动应对气候变化及其影响；保护和可持续利用海洋和海洋资源以促进可持续发展；保护、恢复和促进可持续利用陆地生态系统，可持续管理森林，防治荒漠化，制止和扭转土地退化，遏制生物多样性的丧失；创建和平、包容的社会以促进可持续发展，让所有人都能诉诸司法，在各级建立有效、负责和包容的机构；加强执行手段，重振可持续发展全球伙伴关系。所有这些目标，都同发展相关；所有这些目标，对我们发展中国家来说，都是严峻的挑战。也正因为我们今天面临着这些共同的挑战，更需要我们加强合作。

挑战，同样决定了我们在推进南南合作发展中，有共同的基础、共同的需要。

综上所述，我们广大发展中国家有共同的历史、共同的机遇、共同的挑战，这是我们加强南南合作发展的共同基础、共同需要。同时，我们也看到中国过去40年对外开放主要是面向欧美的，包括人才、语言等资源的储备都是同欧美相关的。推动南南合作发展，需要我们打开全方位对外开放的新篇章。今天，我们不仅有能力携手构建人类命运共同体，而且有能力在世界上带头构建发展中国家之间的南南命运共同体。我们相信，我们推进南南合作发展，将为构建南南命运共同体和人类命运共同体做出独特的贡献。

四

树立共同、综合、合作、可持续的新安全观

> 安全和发展是国际关系的两块基石。实现各个国家的共同安全，是构建人类命运共同体的题中应有之义。当今世界，传统安全和非传统安全相互交织。树立共同、综合、合作、可持续的新安全观，不仅对于解决当今世界发展的安全问题，而且对于推进人类命运共同体建设，有着极其重要的意义。

为化解地区冲突加强安全合作[①]

一、当前的地区冲突呈现上升趋势,令人担忧

地区冲突,不同于世界范围内的热战或冷战,也不同于国与国之间的争端,而是在一个地区内许多国家参与并发生严重对立甚至武装冲突的国际政治现象。

冷战格局结束后,地区冲突不仅没有减少,反而愈演愈烈。现在,除了传统的阿拉伯世界与以色列的冲突(巴以冲突)外,又出现了新的地区冲突:

一是,在美国攻打阿富汗、伊拉克、利比亚和制裁叙利亚后,导致伊斯兰国(ISIS)的迅速扩张。

二是,乌克兰在亲欧势力推翻亚努科维奇总统后,克利米亚独立,东部战火不断,本来这是一个国家的内政,但由于乌克兰冲突背后有美国主导的北约和俄罗斯的影子,在他们的博弈下使乌克兰成为新的地区热点。

此外,中国的南海虽然还没有出现地区性冲突,但由于菲律宾、越南千方百计想把它扩展为地区冲突,而美国又偏袒他们,形势越来越复杂。

地区冲突呈现上升趋势这种情况,十分令人担忧。

[①] 本文是作者2015年6月28日在清华大学举办的世界和平论坛"地区冲突和安全合作"研讨会上的演讲。

二、地区冲突上升的原因和教训

地区冲突在冷战格局结束后不断加剧，有政治、经济和文化包括宗教等多方面的原因。

第一，毋庸讳言，以美国为首的西方在战略上的失误，是导致地区冲突迅速发展的重要原因。美国作为冷战的胜利者，在冷战结束后极力以西方价值观为武器干涉别国内政，甚至以种种借口攻打一些不听话的主权国家，而在推翻这些国家统治者的战争结束后又没有治理这些国家的良策，最后导致局面失控，为伊斯兰国（ISIS）的崛起和扩张提供了重要条件。

第二，经济利益包括资源的争夺也是一个重要的原因。无论是中东的问题，还是乌克兰的问题，都与经济问题、资源问题相联系。

第三，文化包括宗教问题在地区冲突中的作用越来越突出。伊斯兰教与基督教在历史上就有长期的矛盾和冲突，伊斯兰教内部的什叶派与逊尼派的矛盾也是由来已久。尽管伊斯兰国的问题不能归咎于宗教问题，但从美国推翻伊拉克总统萨达姆（逊尼派）开始，宗教因素已经成为地区冲突的重要原因。

第四，冷战思维的残余也是一个重要原因。现在的地区冲突的背后，几乎都有冷战思维在作怪。我们不能身体已经进入21世纪，而脑袋还停留在冷战思维、零和博弈的旧时代，要努力走出一条共建、共享、共赢的安全合作之路。也就是说，不能一个国家安全而其他国家不安全，一部分国家安全而另一部分国家不安全，更不能牺牲别国安全谋求自身所谓绝对安全。要尊重各国自主选择社会制度和发展道路的权利，尊重并照顾各方合理安全关切。冷战结束后，美国成为唯一的超级大国，但是他仍然秉承冷战的一套，而且由于今天的世界上没有任何力量可以制约美国，他做任何事都可以不承担后果，因此造成了阿富汗问题、伊拉克问题、利比亚问题，直至伊斯兰国问题。甚至，乌克兰问题也有这个因素在起作用。

三、南海不应成为新的地区冲突区域

国际社会很关心中国的南海问题，甚至有些关心过头。南海的岛礁之争，涉及中国的主权。至于美国提出的南海通航自由问题，这本来就不是问题。因为中国地图上在南海标绘的是九段断续线，也就是说中国对于线内诸岛礁有主权，但大部分海域是可以自由通航的。需要说明的是，这个九段线不是新中国成立后才画上去的，而是在中华民国时期即1947年，经过专家仔细考证，由当时的中国政府内政部方域司在其编绘出版的《南海诸岛位置图》中就已经画上去的。中华人民共和国成立后，经政府有关部门审定出版的地图在同一位置上也标绘了这样一条线，而只是将原来的11段断续线改为9段断续线。现在，有的国家以《联合国海洋法公约》为由来否定中国在南海诸岛礁的主权。而这个《公约》是1994年生效的，中国对南海诸岛礁及相关海域由历史形成的主权则是在2000多年间形成的，九段线也是在1994年之前就已经画上去的。《公约》不能追溯既往，不能追溯和重新划分历史上形成的各国的主权、主权权利和海域管辖权。中国尊重《公约》，是《公约》的签署国。2006年，中国就根据《公约》特有的、专项的规定，排除了将领土主权，包括岛礁争端、军事活动和其他活动的争端诉诸国际仲裁，中国已经做了排除性声明。而且，南海问题不是中国挑起的，而是别人侵犯中国的主权造成的。尽管如此，中国主张通过当事国之间的谈判来解决。因此，我们认为，南海问题没有任何理由成为新的地区性冲突问题。

四、化解地区冲突的出路

化解地区冲突的问题，就是安全问题。在今天的新形势下，安全问题的内涵和外延都在进一步拓展，需要与时俱进地解放思想、创新理念，更好应对各种风险和挑战。

第一，对于阿富汗、伊拉克、利比亚、叙利亚这一广大区域的问题，

由于牵涉的方面和问题太多了，联合国和相关国家都要从尊重和保障这一地区人民的生命权以及其他权利着眼，既反对恐怖主义和宗教极端势力，又找到能够让这些国家的人民自己解决自己问题的方案。

第二，我们历来主张，国际上的问题不能恃强凌弱，而要尽量通过外交途径，通过谈判来加以解决。像乌克兰问题，战争不是出路，制裁不是出路，唯一的出路就是谈判解决问题。

第三，对于亚洲，我们倡导实行共同、综合、合作、可持续的亚洲安全观。习近平主席说过，共同，就是要尊重和保障每一个国家安全；综合，就是要统筹维护传统领域和非传统领域安全；合作，就是要通过对话合作促进各国和本地区安全；可持续，就是要发展和安全并重以实现持久安全。南海问题，也完全可以在亚洲安全观的框架内加以解决。

总之，我们需要共同推进安全合作来化解地区冲突，为化解地区冲突加强安全合作。

非传统安全与新安全观[①]

安全问题与发展问题一样，对于人类社会来讲，具有全局性的地位和作用。发展要有科学的发展观，安全也要有科学的安全观。自从冷战格局结束以来，非传统安全问题日益凸显。这里，我以"非传统安全与新安全观"为题，谈四点看法。

一、高度重视非传统安全威胁在中国已经成为共识

非传统安全问题由来已久，但在世纪之交对人类的威胁越来越突出。对于中国来讲，1997年亚洲金融危机给我们的启示是，在发展经济时要防范金融风险和经济安全。1998年中国南方遭受严重的洪涝自然灾害，把生态环境安全问题提了出来。进入21世纪后爆发的"非典"疫情，流行疾病作为一种新的安全问题得到人们的重视。与此同时，恐怖主义、民族分裂主义、宗教极端势力制造的社会骚乱，严重威胁人民的生命和财产安全。所以，在世纪之交，中国政府已经认识到，除了传统安全威胁，非传统安全威胁已经成为安全中的新问题，应给予高度重视。

大家都知道，美国"9·11"事件发生后，国际社会很快在反对恐怖主义、打击海盗等非传统安全问题上形成共识。与此同时，人们认识到罗马俱乐部等在20世纪提出的能源问题、生态问题等全球性问题都已成为非

[①] 本文是作者2012年7月8日在清华大学举办的世界和平论坛"非传统安全与新安全观"研讨会上的演讲。

传统安全问题。中国在这些问题上同国际社会一样，也都已形成共识。

中国政府已经在正式文件中，把"传统安全威胁与非传统安全威胁相互交织"作为当今世界的一大特点和问题提了出来。

二、区分不同类型不同性质的非传统安全威胁是不可回避的问题

关于非传统安全威胁，现在人们的共识主要集中在三个要点上：（1）非传统安全威胁是非国家行为体采用非军事手段形成的威胁；（2）非传统安全威胁对国民的生命和财产安全以及社会稳定具有极大的破坏作用，有的甚至已经超过了战争等传统安全威胁的破坏作用；（3）非传统安全威胁突发性强，难以预测和防范。

在此基础上，再深入研究非传统安全威胁的类型，大体上可以分为两类：一类是不可抗拒的自然因素形成的非传统安全威胁，像地震、海啸、严重洪涝灾害，也包括一些人类未知的新型流行病；另一类是由非国家行为体的人造成的非传统安全威胁，像恐怖主义等。

在此基础上，进一步联系应对这种威胁的主体来研究非传统安全威胁，又可以分为两种不同性质的非传统安全威胁：一种是主权国家主导解决的非传统安全威胁；另一种是主权国家难以主导解决问题而要由联合国授权解决的非传统安全威胁。

对于非传统安全威胁进行这样的分析和分类，不仅是研究的需要，更是实践的要求，这对于提供国际合作，包括国际军事介入，有效应对非传统安全威胁是不可回避的问题。

三、在区分不同性质非传统安全威胁基础上加强国际合作

传统安全威胁往往来自国与国之间、军事集团与军事集团之间的对抗，而应对非传统安全威胁需要的是国际合作。正因为这样，无论是应对上述哪一种类型、哪一种性质的非传统安全威胁，都有一个国际合作的问题，包括通过国际合作提供军事援助或支持。

那么，我们在通过国际合作提供军事援助或支持时，应坚持什么原则？或者说，在国际军事介入解决一个国家的国内冲突时，应遵循什么指导？

这里，首先要区分"传统安全"与"非传统安全"。也就是说，不能把人民革命或人民起义看作"非传统安全威胁"。人民革命或人民起义是人民的权利。怎么处理一个国家内部的人民革命或人民起义是一个国家的内政，别的国家不应该从外部介入进行干涉。

有了这个区分，就可以讨论我们应该遵循什么原则，应对非传统安全威胁及其国际合作问题了。

第一，由于应对非传统安全威胁是为了帮助受威胁国家民众的生命和财产安全，维持那里的社会稳定，因此在通过国际合作提供军事援助或支持时，或在国际军事介入解决一个国家的国内冲突时，应遵循人道主义救援的原则。

第二，由于我们应对的非传统安全威胁，有不同的类型、不同的性质，因此加强国际合作的要求和方式也不一样。凡是主权国家能够主导解决的非传统安全威胁，国际合作要以主权国家的意志为根据，决不能以种种借口干涉主权国家的内政，更不能从外部强制改变主权国家的政权；凡是主权国家难以主导解决的非传统安全威胁，必须以联合国授权为根据，地区组织也不能违背联合国宪章的规定，即使有联合国授权的措施也要尊重当事国的国家主权和领土的完整。

简单地说，我们在通过国际合作应对非传统安全威胁时遵循的原则，一是实行人道主义救援的原则；二是实行尊重当事国国家主权和领土完整的原则；二是实行国际军事介入应有联合国授权的原则。

四、在新安全观上形成共识是加强应对非传统安全威胁国际合作的要求

那么，为指导国际安全保护或责任，我们需要建立何种国际规范？我们认为，为了更有效地在国际合作中应对非传统安全的威胁，国际社会应该在互信、互利、平等、协作的新安全观上达成共识。

互信，是形成国际合作、共同安全的前提。提出这个问题，是因为这个世界是由不同历史和文化传统、生活在不同社会制度下的人构成的，加上在传统安全问题上国与国之间长期敌对，一下子转到共同应对非传统安全威胁上来极不容易。特别是，在非自然因素的人为的非传统安全威胁事件中，有的非国家行为体的背后常常有某些政府或地区组织在起作用。因此，要有效地在国际合作中解决好非传统安全威胁问题，第一前提就是要有互信。

互利，是形成国际合作、共同安全的基础。提出这个问题，是因为这个世界不仅有发达国家，还有大批发展中国家，各国的经济社会发展水平差别很大。在加强国际合作、应对非传统安全威胁时，要考虑发达国家的利益，更要充分考虑发展中国家的利益，不能让发展中国家承担同发达国家同样的责任。只有坚持互利的原则，才能把发达国家与发展中国家的力量联合起来，有效地在国际合作中解决好非传统安全威胁问题。

平等，是形成国际合作、共同安全的条件。提出这个问题，是因为国际合作的一个重要途径和形式是进行对话和协商，离开了平等就不可能进行名副其实的对话和协商。而在这个世界中，强权政治还十分盛行，而这正是国际之间进行对话和协商的障碍，因此要进行名副其实的国际合作，就要用平等取代强权，进行名副其实的对话和协商。这样，才能有效地在国际合作中解决好非传统安全威胁问题。

协作，是形成国际合作、共同安全的保障。提出这个问题，是因为解决非传统安全威胁问题，即使像美国这样的超级大国也难以完全凭借自己的力量独当一面，需要同世界上其他国家进行协作。国家与国家之间形成互信、互利、平等的关系，就是为了协作，形成共同安全的新格局。

总之，在这样一种互信、互利、平等、协作的新安全观下，我们就可以形成积极应对非传统安全威胁的共识，就可以进一步研究应对非传统安全威胁的预警机制、信息共享机制、力量协调机制和综合手段投放机制等各种国际合作机制。

为人类和平利用南极做贡献[①]

今年,是邓小平同志诞辰110周年,也是邓小平同志为中国南极考察队题词30周年。我作为长期研究邓小平的理论工作者,能够参加极地科学工作者的聚会,特别是能够见到为我国极地事业做出辉煌贡献的科考队同志,和你们一起纪念邓小平同志,感到特别荣幸。

1984年10月15日,邓小平同志为中国首次南极考察队写下了"为人类和平利用南极做出贡献"的光辉题词。今天,我们缅怀和重温邓小平同志的题词,纪念邓小平同志为我国南极考察事业做出的贡献,展望极地事业发展的光明未来,具有重要意义。

(一)邓小平题词的背景和意义

邓小平同志的题词,不是即兴之作,而是以他对当代世界和当代中国"两个大局"的深刻思考为背景提出来的。

当我们把眼光投向邓小平同志题词的1984年,了解一下当时的邓小平同志想了些什么,做了些什么,就可以理解邓小平同志为什么会写下这样的题词,认识这一题词的内涵和意义。

当时,邓小平同志想得最多的问题,是中国的现代化问题。他是个极其务实的政治家,并不奢望中国在短期内就能够实现现代化,提出了"分三步走"实现现代化的战略。"分三步走",就是在20世纪80年代解决十

[①] 本文是作者2014年7月2日在上海南极论坛午餐会上的主题演讲。

几亿中国人的温饱问题,90年代"奔小康"即人均GDP达到800美元,然后用50年时间,到21世纪中叶基本实现现代化即达到西方中等发达国家水平。1984年,他几乎每次会见外宾都讲他的这个中国梦。而一个十多亿人口的国家能不能走上强盛之路,又直接关系到世界的安宁和发展。

为了实现这一中国的现代化发展战略,需要和平的国际环境和稳定的国内条件。经过对世界各种矛盾及其走势的分析,邓小平同志以"和平"为基点,提出了三大关系到世界持久发展的战略构想:

一是,世界要和平,要发展。1984年4月28日,邓小平同志在会见美国总统里根时说道:"和平是我们共同关心的首要问题。世界局势不稳定,但争取和平的前景良好。"5月17日在会见厄瓜多尔总统时明确提出,当今世界存在两个最根本的问题,一是反对霸权主义,维护世界和平。二是南北问题,即发展问题。在1978年我国改革开放刚开始时,邓小平同志根据当时的国际格局,提出世界大战可以推迟,中国可以经济建设为中心推进现代化建设;到80年代初,他进一步提出有资格打世界大战的美国和苏联,先后在越南战争和阿富汗战争中受挫,世界大战已经可以避免。因此,东西方之间出现了和平的态势,南北方之间的问题即发展问题突出了。我们今天讲和平与发展是当代世界两大主题,就是当年邓小平对世界大局思考的结果。

二是,解决世界许多争端可用和平方式。1984年2月22日,邓小平同志在会见布热津斯基、乔丹率领的美国战略和国际问题研究中心代表团时说道:"世界上有许多争端,总要找个解决问题的出路。我多年来一直在想,找个什么办法,不用战争手段而用和平方式,来解决这种问题。"什么办法呢?具体地讲,就是他提出的"搁置争议,共同开发"。他一直在思考这个问题,一直在向外宾讲述这个关乎人类命运的大问题。就在他为南极考察队题词的前4天,还在同日本朋友谈这个构想。

三是,关于祖国统一问题,即中国的台湾、香港、澳门问题,也可用和平方式解决。就是在1984年2月22日邓小平同志会见布热津斯基等美国朋友时，他系统地阐述了用"一个中国，两种制度"的方式，和平地解决台湾、香港、澳门问题。

邓小平同志"为人类和平利用南极做出贡献"的题词，就是这样以他对当代世界和当代中国"两个大局"的深刻思考为背景提出来的，就是这样以"和平"为基点的战略构想为依据提出来的，是这一和平发展战略的有机组成部分。

了解这一点，就可以进一步认识这一题词的深刻内涵和重大意义，就可以认识到这一题词是中国对于南极问题的战略思考和根本决策，是我们推进极地事业发展的科学指南。

（二）中国对于极地问题的基本立场、基本原则和基本方针

我们讲邓小平同志题词具有深刻内涵和重大意义，是我们推进极地事业发展的科学指南，是因为邓小平同志的题词不仅揭开了我国开展极地考察的序幕，而且表达了中国对于极地问题的基本立场、基本原则和基本方针。

基本立场是"为人类"。我们深知，南极问题，以及北极问题，由于其特殊的成因和特殊的自然条件，涉及整个地球的安危，事关整个人类的安危。邓小平同志的题词明确指出，中国参与南极考察，有一个基本的立场，是"为人类"。在南极问题上，曾经发生过国家主权问题之争。但是最后相关国家达成了著名的《南极条约》。这个条约，不是着眼于某个国家的利益，而是着眼于人类的利益。1983年，经全国人大批准，我国加入《南极条约》，也是为了为确保南极自然环境不被污染，为人类做贡献。

基本原则是"和平利用"。邓小平同志题词最鲜明的特点，是强调"和平利用"。这是我国参与南极事务的基本原则。这个原则，包括了"和平"和"利用"两个方面的要求。"利用"是战略目标，"和平"是实现这一战略目标的方式。"和平"和"利用"合在一起，是我们恪守的基本原则。我们加入《南极条约》，是为了"和平利用"；我们坚守《南

极条约》，也是坚持"和平利用"。30年来，我国政府和极地科学工作者秉承这一原则，建立了一个又一个和平利用极地的科学考察站，并且和其他国家的极地科学工作者合作，在地质学、冰川学、生态学等领域取得了重要的成果。

基本方针是"做出贡献"。我们要做出中国的贡献，承担起中国作为发展中大国的应有责任。在邓小平同志题词的指引下，我国极地考察事业从无到有，由弱到强，获得了大批极其宝贵的数据、资料和样品，取得了许多具有重大科学价值的成果。这几年在科学考察取得显著成绩的同时，还积极参与国际极地事务。从我国1985年被接纳为南极条约协商国以来，我国现在已经成为南极研究科学委员会正式成员国、国际北极科学委员会成员，参加了有关极地研究的各项活动。这一切，都表明中国是一个能够为人类和平利用极地做贡献的负责任大国。

（三）继续推进和平利用极地事业发展

邓小平同志题词发表已经30年，中国的极地事业在这30年里取得的显著进展，是对这位中国改革开放总设计师的最好汇报。与此同时，我们深知，对邓小平同志题词的最好纪念，是继续推进中国和世界和平利用极地事业的发展。

总览当今世界，和平、发展、合作、共赢已经成为时代潮流。世界各个大国之间，尽管矛盾重重，但是利益交汇，我中有你，你中有我，谁也离不开谁。与此同时，世界经济还没有走出危机的阴影，地缘政治的角力还在延伸，恐怖主义和非传统安全的形势越来越严峻，制毒贩毒等全球性问题越来越突出。这里战火熊熊，那里埃博拉病毒其势汹汹。但是，在这么一个充满动荡和风险的世界，却有一片和平安宁的净土，这就是南极。我们从事极地事业的，更要倍加珍惜这片净土，珍惜我们亲手开创的这个崇高的事业。

在今天的条件下，要继续推进这一事业的发展，就要在邓小平同志

"为人类和平利用南极做出贡献"这一题词的指导下，制定中国极地事业发展的长远规划，并争取进入国家经济社会发展规划。

制定这样的规划，需要研究和解决的问题很多。其中，从宏观层面上讲，有三个关系尤其要思考和研究。

一是和平与和谐的关系。要和平，就要和谐。要秉承"和平利用"的基本原则，就要进一步研究各个相关国家的和谐相处问题，就要进一步研究人类与大自然的和谐相处问题，以及与此相联系的极地科学工作者与极地旅游者的和谐相处问题。

二是利用与保护的关系。开展科学考察，有一个极地资源的利用与保护的关系。怎么在《南极条约》的框架内处理好这个关系是一个问题，在《南极条约》到期后怎么处理好这个关系更是一个问题。在处理这个关系的时候，会有各种矛盾，强调一下"为人类"的基本立场，格外重要。

三是主权冻结与合作治理的关系。《南极条约》的意义，在于为了人类的根本利益各个主权声索国冻结了主权，但是各个国家科学考察站的建立又发生了极地治理的领域、责任和方式的新问题。最好的出路，还是根据《南极条约》的精神，加强合作治理。这需要谨慎地进行研究和探索。我们相信，为了人类，为了持久和平，为了极地事业的健康发展，我们一定能够找到有效的极地治理办法。

最后，需要声明一下，我不是一名极地科学工作者，对极地研究完全是个外行。以上认识，仅仅是学习邓小平同志题词的一些肤浅的体会和个人的看法。

中国在解决海上安全问题上的原则[①]

随着对外贸易和国际交流的增多,海上安全问题日益突出。怎么依法维护海上安全,已经成为各国维护国家安全和人类和平的重大课题,更是坚持走和平发展道路的中国需要认真面对和破解的重大课题。

一、中国历来主张依法维护海上安全

为维护海上安全,解决海上安全纠纷,我国制定通过了一系列法律文件。

——维护海上安全,首先涉及领海及毗连区的划定。许多矛盾都是由于在划定领海及毗连区时相关国家有不同主张而引起的。为了解决这些问题,我国根据历史文献和联合国有关文件的规定,制定了一系列相关的法律文件。早在1958年,我国政府就发布了《中华人民共和国关于领海的声明》,这是新中国最早的有关领海的法律文件。1992年,还通过了《中华人民共和国领海及毗连区法》。在这次钓鱼岛冲突中,国务院根据这个法律,制定了《关于钓鱼岛及其附属岛屿领海基线的声明》,随后,国家海洋局也制定了《领海基点保护范围选划与保护办法》。

——维护海上安全,同时涉及国家主权问题。1983年,我国制定通过并已于1984年实施的《中华人民共和国海上交通安全法》,明确规定船舶

[①] 本文是作者2014年6月22日在清华大学举办的世界和平论坛"海上安全与非传统安全"研讨会上的演讲。

和船上有关航行安全的重要设备必须具有船舶检验部门签发的有效技术证书；必须持有船舶国籍证书，或船舶登记证书，或船舶执照；船舶、设施上的人员必须遵守有关海上交通安全的规章制度和操作规程，保障船舶、设施航行、停泊和作业的安全；外国籍非军用船舶，未经主管机关批准，不得进入中华人民共和国的内水和港口；等等。

——还需要指出的是，为维护海上安全，我国还在2006年由全国人大常委会批准了我国政府签署的《联合国海洋公约》。当时，全国人大常委会同时发表声明，指出：（1）按照《联合国海洋法公约》的规定，中华人民共和国享有二百海里专属经济区和大陆架的主权权利和管辖权。（2）中华人民共和国将与海岸相向或相邻国家，通过协商，在国际法基础上，按照公平原则划定各自海洋管辖权界限。（3）中华人民共和国重申对1992年2月25日颁发的《中华人民共和国领海及毗连区法》第二条所列各群岛与岛屿的主权。（4）中华人民共和国重申：《联合国海洋法公约》有关领海内无害通过的规定，不妨碍沿海国按其法律规章要求外国军舰通过领海必须事先得到该国许可或通知该国的权利。

这些文件表明，在海上安全问题上，我国有法律依据，始终坚持依法维权。

二、关于海上安全面临的新问题

对于中国来讲，海上安全原来指的是国家内海和领海的安全，而且主要是海上交通方面的安全，由此制定了《中华人民共和国海上交通安全法》。现在，海上安全的问题越来越突出，出现了许多过去没有的新情况、新问题。

一是涉及海上安全的海域扩大。比如为了打击索马里海盗的活动，我们派出海军编队进入国际海域去维护海上安全。

二是涉及海上安全的情况复杂。原来讲海上安全，主要指海上交通管理，保障船舶、设施和生命财产的安全，维护国家权益；同时包括对于船舶装运危险货物，必须向主管机关办理申报手续，经批准后，方可进出港口或装卸，包括海难救助、打捞排障等等。现在，毒品走私、武器走私等问题日益突出，偷渡问题也时有发生。维护海上安全问题越来越复杂。

三是由于在领海和经济专属区划分时，我国和个别邻国之间出现海域重叠，需要通过谈判协商解决。特别是，一些我国享有主权的岛礁与别国经济专属区的重叠，使得维护海上安全与维护这些岛礁的主权问题交织在一起，容易发生国际争端。

四是有的国家凭借实力优势力图封锁我国出入公海的国际航道，危及海上安全。

此外，还有一些大国无视我国主权，经常对我实施抵近我国领海甚至进入我国领海的侦察和收集情报等活动，影响了海上安全。

这些情况和问题，有的是新出现的，有的早已有之，现在更明显。但不管哪一种情况，都是正在崛起的中国要认真对待的。

三、关于依法维护海上安全的原则和要研究的问题

在维护海上安全的时候，除了我们在前面已经说到的依法维权的原则外，还要坚持三个重大原则：

一是主权原则。这包括两个方面的内容：一是在维护我国主权范围内的海上安全时，应按照主权原则办事；二是在我国赴国际海域维护海上安全时，也应尊重别的国家的主权，比如我国海军编队打击索马里海盗时，十分重视索马里的主权和所经过的国家的主权。

二是谈判原则。我们主张，在领海和经济专属区重叠的情况下发生的矛盾，应该通过国与国之间的谈判解决，不能诉诸武力。

三是人道主义原则。在海上救援等问题上，我国历来主张按照人道主义的原则尽力加以救援。比如我国"雪龙"号极地考察船2014年1月2日在澳大利亚"南极光"号极地考察破冰船配合下，成功营救在南极遇险的俄罗斯"绍卡利斯基院士"号客船上的52名乘客。而在"雪龙"号考察船准

备撤离浮冰区继续执行后续考察任务时,所在地区受强大气旋影响浮冰范围迅速扩大,造成"雪龙"号船自己被困。后来,他们终于依靠自己的智慧化险为夷。

现在,我国在东海、南海都出现了一些争议,需要指出的是:第一,无论是钓鱼岛问题,还是南海发生的一些问题,都不是中国主动挑起的。第二,中国主张谈判解决这些问题,同时不要扩大矛盾和事态。第三,中国反对与此无关的国家在中间制造矛盾、扩大矛盾。

与此同时,我们确实要从这些矛盾中研究一些切实可行的解决办法。邓小平同志提出的"搁置争议,共同开发"的办法,仍然是解决这些问题的好办法。

总之,中国在海上安全问题上,不惹事,但决不怕事。中国始终不渝地坚持走和平发展道路这一点,决不会为这些具体问题上的争议而转向。同时,我们坚信,通过谈判能够解决这些矛盾和问题。

五

构建人类命运共同体的伟大实验

> "人类命运共同体"理念能不能转变为现实?这是需要实践回答的一个问题。让我们高兴的是,体现"人类命运共同体"理念的"一带一路"倡议,一经提出就得到那么多国家和地区以及国际组织的响应。我们有充分的信心,"一带一路"这一构建人类命运共同体的伟大实验一定能成功!

在推进"一带一路"研究中构建面向 21 世纪的中国国际关系理论①

不久前刚刚闭幕的党的十九大号召我们,加快构建中国特色哲学社会科学,加强中国特色新型智库建设。实践告诉我们,中国确实到了构建自己的哲学社会科学的时候了,中国也确实有构建自己哲学社会科学的基础。我殷切希望复旦大学、复旦大学"一带一路"及全球治理研究院,能够把落实这一任务作为我们建院开展国际关系和国际战略研究的重要目标。你们有没有这样的自觉?有没有这样的信心?我相信复旦人有这样的抱负。

因此,我今天演讲的题目是:在推进"一带一路"研究中构建面向21世纪的中国国际关系理论。围绕这个主题,讲三点意见。

一、为什么要把这样的任务提到今天这样的高层论坛上来?

我的思考是三点。

第一,是时候了。中华民族已经迎来从站起来、富起来到强起来的伟大飞跃。国要强,不仅要强在硬实力上,还要强在软实力上,强在国人的自信心上。而一个国家有自己成熟的哲学社会科学,有自己成熟的思想理论,是实力的象征,更是自信心的体现。

---

① 本文是作者2017年11月5日在复旦大学举办的"'一带一路'和经济全球化"论坛上的演讲。

第二,不做就失职了。习近平总书记说过:"落后就要挨打,贫穷就要挨饿,失语就要挨骂。现在,'挨骂'问题还没有得到根本解决。"①你看,我们提出"一带一路"这样造福于人类的倡议,有人都会骂你是搞"新殖民主义""新马歇尔计划"等等。我们都是中国的哲学社会科学工作者,国家被"挨骂",你心里有什么感受?今天,我国哲学社会科学在国际上的声音还比较小,还处于有理说不出、说了传不开的境地。应该急起直追,不然我们就失职了。

第三,我们能够做到。改革开放以来,我们已经积累了丰富的经验,我们一定能够按照立足中国、借鉴国外,挖掘历史、把握当代,关怀人类、面向未来的思路,来构建中国特色哲学社会科学。我们这样的智库、我们这样的高层论坛是否应该承担这样的使命呢?我想是应该的。对于像复旦大学"一带一路"及全球治理研究院,汇集了一批国际问题研究专家,更要在推进"一带一路"研究中为国家提供面向21世纪的中国国际关系理论。

二、我们怎样完成这样的任务?

我认为,可以在我们近年研究的基础上,构建中国特色哲学社会科学。近日读到上海远东出版社出版的郑必坚著作《大战略》,更坚定了我这样的信心。我们完全可以从党培养的并长期坚持党的马克思主义路线的思想家、理论家已经做的工作基础上,来落实习近平总书记提出的任务。

举个例子,"和平崛起"是郑必坚在进入21世纪之初提出的。这条战略道路所强调的"和平崛起",显然有两个针对性。强调"和平",针对的是"中国威胁论";强调"崛起",针对的是"中国崩溃论"。在郑必坚提出"和平崛起"的时候,正是这两种国际舆论甚嚣尘上的时候。近几年来国际社会中出现的所谓"修昔底德陷阱""中等收入陷阱"(拉美陷

---

① 《习近平总书记重要讲话文章选编》,中共中央文献研究室编,党建读物出版社2016年4月版,第432页。

阱），依然是"中国威胁论"和"中国崩溃论"的翻版。对此，我们理所当然必须认真应对，进一步向世界阐明"强必霸"已经是过时的逻辑，而不是中国人的价值观。需要指出的是，郑必坚提出的这条战略道路，不仅对中国有意义，对世界也有意义。对世界的意义，不仅是指中国的和平崛起会给世界带来什么正能量，而且指的是给世界的和平和发展提出了一个新的思路。

正是基于这样的思考，郑必坚近年又提出这一战略道路的背后有一个更深层次的理论支撑，这就是他提出的"利益交汇点""利益共同体"国际关系理论。在国际关系研究中，有现实主义、自由主义及理想主义、建构主义等各种理论。远的不说，近年来再度盛行的"地缘政治"理论，对各国外交政策的制定影响很大。郑必坚在分析冷战格局结束后的国际形势时，曾经提到国际社会关于维护国际稳定有两条途径：大国主宰和权力平衡。这两个途径，都是建立在地缘政治基础上的。尼克松、基辛格的"均势论"，注重的就是权力平衡，其实质是一种大国争霸的地缘政治理论。这种理论并没有解决当今世界的问题。而按照"扩大利益交汇点、构建利益共同体"的理念来处理国际关系，就可以既正视地缘政治又超越地缘政治。所谓"超越"，就是没有局限于"地缘政治"，而是认为不同地缘、不同政治制度的国家只要在利益上有交汇点，就可以形成利益上的共同体。而实现的方式，应当不是战争、颠覆主权国家政权、"颜色革命"或实行单边制裁，而是投资和贸易自由化便利化、双边或多边合作、政治谈判和对话协商等等。

郑必坚的研究从"中国和平崛起战略道路"深入到"利益交汇和利益共同体"理论，为我们今天处理世界多极化、经济全球化、社会信息化、文化多样化的世界面临的国际关系问题，提供了重要的理论支撑。从这个案例中可以认识到，我们完全可以在近年研究的基础上，构建面向21世纪的国际关系理论，落实以习近平同志为核心的党中央向我们提出的加快构建中国特色哲学社会科学的任务。

三、我们为什么要强调在"一带一路"研究中构建面向21世纪的国际关系理论？

国际关系如此变动，国际关系理论要不要与时俱进，这个问题已经尖锐地摆在我们面前。我们党从中美关系、中欧关系及中国同广大发展中国家关系的研究中，得出中国在对外关系方面必须致力于扩大"利益交汇点"、构建"利益共同体"、形成"人类命运共同体"。习近平总书记2015年10月20日在英国议会发表的演讲中，就强调要以"利益共同体"新理念新思想引领国际关系新时代。与此同时，2015年和2017年间，他还站在引领时代的高度，在联合国提出了"构建人类命运共同体"的"中国方案"。

让中国人自傲的是，习近平总书记提出的"人类命运共同体"这一新理念新思想获得了世界各国高度的赞赏，已经写入联合国有关文件。应该讲，这一理论来自我们党一以贯之的马克思主义路线，来自我们党一以贯之的和平共处五项原则和独立自主的和平外交政策，同时又顺应了21世纪国际形势发展的新趋势。

需要强调指出的，正是在这样一种面向21世纪的，强有力地反映时代总趋向的，全新的国际关系理论指引下，"一带一路"倡议应运而生。

"一带一路"倡议，强调"五通"，即在共同建设"一带一路"时要坚持政策沟通、设施联通、贸易畅通、资金融通、民心相通。这"五通"，实际上就是在尊重各国主权和平等互利的基础上，扩大"利益交汇点"、构建"利益共同体"、形成"人类命运共同体"，造福沿线国家的人民。现在，"一带一路"的布局已经全面铺开，在未来的长期探索中，会有新经验，更会有新问题、新矛盾、新挑战。无论经验，还是问题，都是我们的研究对象。我们作为中国的哲学社会科学工作者特别是国际问题研究工作者，都应该在"人类命运共同体"理念指导下，加强对"一带一路"的研究。同时，在把"一带一路"和经济全球化推进到新阶段的同时，深化面向21世纪的中国国际关系理论。

我们高兴地看到，今天亮相的复旦大学这个全新的研究机构，名称就是"'一带一路'及全球治理研究院"。这是一个极好的开局，希望你们久久为功，持续努力，能够在推进"一带一路"研究中构建和深化面向21世纪的中国国际关系理论。

推进"一带一路"理论建设的三点思考①

"一带一路"倡议提出5年以来,不仅得到全球100多个国家和国际组织积极支持和参与,而且引起了国际舆论正面的和反面的广泛关注。这就需要我们在实际工作中进一步积极推进"一带一路"建设的同时,进行深入的理论概括。这是时代和实践对我们中国理论工作者的要求。这里,谨以"推进'一带一路'理论建设的三点思考"为题,谈几点肤浅的认识。

(一)"一带一路"倡议提出的历史必然性

"一带一路"倡议的提出,有没有历史必然性?这是我们在思想理论上研究"一带一路"时首先要讨论的。我们的回答是,这一倡议在5年前提出并在全球范围内获得广泛回应,是有历史必然性的。或者说,它不仅是领导人的一个决策,而且是顺乎时代潮流、合乎发展规律的一个正确的决策。

首先,"一带一路"倡议的提出,是世界市场经济在和平与发展时代主题下大发展的客观需要。

世界市场经济在自身发展的道路上经历了一系列曲折发展的阶段。二战结束后,从丘吉尔发表"铁幕演讲"开始,世界走向两极格局,由此形成了东西方两个国际性的而又相互分割的市场体系。随着民族独立解放运

---

① 本文是作者2018年10月14日在复旦大学举办的"'一带一路'与全球治理"国际论坛上的演讲。

动的兴起,特别是在出现了不结盟运动以后,加上中国和苏联分手,世界一分为三,形成三个世界,世界市场出现了分化组合的新情况。伴随着美国和苏联这两个超级大国先后在越南战争和阿富汗战争中受挫,和平与发展成为时代主题,世界市场在东西方缓和、南南合作和南北交流加强的背景下,形成了整合的新趋势。尤其是在两极格局终结,中国全面参与经济全球化后,世界市场获得了战后从未有过的大发展。这种大发展的态势,集中表现在经济全球化的迅猛推进。

但是,进入21世纪后,由美国次贷危机引发的国际金融危机和欧洲主权债务危机,深刻地突显了战后引领经济全球化的西方发达经济体内部的深刻矛盾。在这样深刻的社会矛盾下,奥巴马以"变革"为口号在2013年开始了他的第二个总统任期,又以"美国决不做老二"的抱怨结束了他的总统生涯。也是在这样深刻的社会矛盾下,特朗普以"美国优先"的口号赢得了总统大选。尽管美国现在无论在经济、科技方面,还是在军事方面,世界老大的地位并没有动摇,短期内也不会改变,但美国不是致力于解决它自身的矛盾,而是试图改变自由贸易规则来保护自身利益,致使他们主导的经济全球化走向其反面。然而,世界市场经济并不因为像美国这样的大国转向而终止自己前进的步伐。就是在世界市场经济开辟新市场的进程中,"一带一路"倡议应运而生。

其次,"一带一路"倡议的提出,是发展中国家迅速崛起的必然结果。20世纪90年代以来,一批发展中经济体把握住了经济全球化带来的机遇,趋利避害,发挥自身不同优势,彰显出较为强劲的发展活力和潜力,在世界经济中的地位与作用不断增大。2007年,在世界经济20强中,新兴经济体占了7个,分别是中国、巴西、俄罗斯、印度、韩国、墨西哥、土耳其。2008年美国次贷危机后,全球经济长期复苏乏力。但是,一批发展中国家还在继续发展。在世界经济50强中,发展中经济体占了25个,形成半壁江山。"金砖国家"对世界经济增长的贡献率开始超过50%。特别是,在美国次贷危机和欧洲主权债务危机后,全球经济治理体系发生了过去任何人想不到的变化，G7扩展到G20。在这样的结构性变化下，出现了发展中经济体和发达经济体共同推进经济全球化的新态势。"一带一路"倡议，就是在发展中经济体活跃上升的背景下应运而生，并获得广泛响应的。

再次，"一带一路"倡议的提出和成功实施，是中国在和平崛起中应对西方挑战的明智选择和中国示范作用影响力的体现。"一带一路"倡议是中国提出来的，中国为什么要提出这样的倡议？中国自改革开放以来，围绕经济建设这个中心，不断破除束缚生产力发展的体制性障碍。特别是建立社会主义市场经济体制和加入世界贸易组织、全面参与经济全球化这两大决策，使中国进入了持续发展的快车道。到2010年，中国在经济总量上超越日本，成为世界第二。中国的快速发展在世界范围产生了双重的影响。对于广大发展中国家来说，中国经验是一种示范，这是"一带一路"倡议能够得到发展中国家广泛响应的根本原因；对于像美国这样的发达国家来讲，却认为是对他们的威胁。从希拉里提出"巧实力"、奥巴马实施"重返亚太"战略，到特朗普悍然对中国发动"贸易战"，美国遏制中国经济快速发展的图谋越来越明显。这种情况促使中国进一步拓展新市场，推动经济全球化向纵深发展，这是"一带一路"倡议提出最直接的原因。

由此可见，"一带一路"倡议不是凭空而来的，而是在世界发生历史性大变动的大趋势中应运而生的。这个"应运而生"的"运"就是世界市场经济的发展及其背后社会化生产发展规律的作用。

（二）"一带一路"理论和实践的丰富内容及主要特点

自从习近平总书记提出"一带一路"倡议以来，发表了一系列重要讲话。不久前，习近平总书记又在推进"一带一路"工作座谈会上对5年来的工作做了全面深刻的总结。全面学习领会这些重要讲话，认真总结实际工作的宝贵经验，是进一步推进"一带一路"倡议落实的根本保障。

习近平总书记这些讲话及其体现的深刻思想，可以说是马克思主义社会化生产理论、经济全球化理论、国际关系理论和当今世界市场经济实践相结合的产物，为我们推进"一带一路"理论建设奠定了很好的基础。第一，强调要坚持"政策沟通、设施联通、贸易畅通、资金融通、民心相通"的基本内涵；第二，强调要坚持"陆海内外联动、东西双向互济"的开放新格局；第三，强调要坚持"尊重各国主权，和各国发展战略对接"的基本要求；第四，强调要坚持"企业为主、政府推动、市场化运作，遵循国际通行规则"的基本做法；第五，强调要坚持"共商共建共享"的基本原则；第六，强调要坚持义利相兼的"人类命运共同体"根本理念。总之，这一理论反映了新时代中国全方位对外开放和当代世界经济发展的客观要求，具有丰富的内容，是习近平新时代中国特色社会主义思想的重要组成部分。

在这一理论指导下的"一带一路"实践，推动经济全球化进入一个新的发展阶段，形成了不同于上一轮经济全球化的许多新特点：

一是，海洋经济和内陆经济打通。经济全球化生成于大西洋两岸，拓展到太平洋两岸。前几轮经济全球化都是海洋经济的全球化。习近平提出共建"丝绸之路经济带"的倡议，是在中亚大国哈萨克斯坦。这一标志性的历史事件发生的地域特点，意味着新一轮经济全球化开始把海洋经济和内陆经济连接起来，形成了经济全球化在地域上的新特点。

二是，发展中经济体和发达经济体共主。发展中经济体是在发达经济体向全球拓展商品市场和资本市场的时候成长起来的，发展中经济体和发达经济体相互联系、相互促进，难以分离。"一带一路"倡议反映了发展中经济体崛起的客观事实，顺应了发展中经济体和发达经济体共同推进经济全球化发展的客观要求。发达经济体依然在科技创新、资本运行和市场治理中发挥着不可替代的作用，发展中经济体以其能源、劳动力和市场优势和正在迅速成长起来的产业优势也发挥着不可替代的作用。这两大经济体共主经济全球化，是新一轮经济全球化在经济主体上的新特点。

三是，信息化和工业化互动。"一带一路"沿线国家大部分处于工业化阶段,沿线65个国家之间工业化水平差距较大。前工业化时期的国家、工业化初期阶段的国家、工业化中期阶段的国家和工业化后期阶段的国家并存,而处于后工业化时期的国家只有两个。对绝大多数发展中国家来说,中国榜样的重要意义就在于以工业化带动信息化、以信息化促进工业化,实现现代化的跨越发展。信息化和工业化互动,是新一轮经济全球化在业态上的新特点。

四是,市场与政府结合。许多发展中国家,特别是中国,在发挥市场在资源配置中起决定性作用的同时,并没有放弃政府的作用。中国不仅重视中央政府的宏观调控等作用,还十分重视发挥地方政府相对独立的经济功能。市场和政府的关系是一个十分复杂的关系,中国经验证明,只要依法正确处理好这两者的关系,是有利于发展中国家现代化的。"一带一路"倡议提出至今,大多数项目的推进和落地,都是在市场和政府的结合中推进的。可以说,这是新一轮经济全球化在运行机制上的特点。

需要指出的是,我们研究"一带一路"理论,不是为了别的,而是为了研究"一带一路"实践中的客观规律,并以此作为我们进一步做好工作的行动指南。

(三)"一带一路"共商共建共享的两根纽带

需要指出的是,"一带一路"倡议在实践中也凸显出许多需要认真研究解决的矛盾和问题。其中,需要我们深化认识的是,"一带一路"要以经贸交流合作为重点,但又不能把"一带一路"单纯看作"经贸一带一路"。建设好"一带一路"需要两条纽带:一条是经贸纽带,这是一条利益纽带;另一条是文化纽带,这是一条人心纽带。

"一带一路"沿线国家的人民,是具有各种共同的和不同的文化背景的人。不同思想文化国家的交往不仅要以利相交,还要以心相交,才能长久。如果光有利益纽带,没有人心纽带,不仅是不完全的,而且是不牢靠、不可持续的。对此,我们切切不可大意。

对于我们和"一带一路"沿线国家在历史、文化、社会制度和意识形态等方面的差异，应采取辩证唯物主义的分析态度。第一，不同的国家存在不同的思想文化是肯定的，但这正是"一带一路"沿线国家人民互学互鉴的客观基础。我们追求的不是建设中国的"后花园"，而是中国和各国共同繁荣发展的"百花园"。第二，不同思想文化的国家之间有"不同"，也有"同"，了解"不同"、关注"不同"，不是要放大"不同"，而是为了更好地"求同"。我们和各个国家共同建设"一带一路"，就要坚持求同存异、包容不同。第三，关键不是要看各个国家的思想文化有多少差异，而是要看我们能不能做好工作。在我们和各个国家相处的历史中，有的文化和社会制度、意识形态是不同的，但有共同的利益，可以友好发展；有的文化和社会制度、意识形态是相同的，但存在利益上的分歧，也会有矛盾。第四，我们只要以"发展"为最大公约数，用我们的真心实意，把沿线国家关心的利益和各国人民的情感结合起来，就能够推进"一带一路"发展。

总之，要全面落实"一带一路"倡议，就要进一步用"文化一带一路"推动"民心相通"，支撑"经贸一带一路"。

"一带一路"倡议是构建人类命运共同体的伟大实验①

自从中国在改革开放中建立社会主义市场经济、全面参与经济全球化,一个快速发展的中国让世界刮目相看。与此同时,一系列问题也接踵而来。"中国威胁论""中国崩溃论"等舆论在国际社会此起彼伏、层出不穷。于是,一个日益强大起来的中国如何和世界相处,就成为我们必须认真回答的重大问题。具有世界眼光的中国共产党,秉承历来坚持的和平共处原则,顺应和平、发展、合作、共赢的时代潮流,先后提出了两大全新的理念:一是中国始终不渝走和平发展道路;二是中国将和世界共同构建人类命运共同体。"一带一路"倡议,正是行进在和平发展道路上的中国,和世界各国共同构建人类命运共同体的一次伟大的实验。

这里,围绕"一带一路"倡议和构建人类命运共同体的关系,讲四个问题:

(一)构建人类命运共同体的坚实基础

"构建人类命运共同体,实现共赢共享"这个"中国方案",是中国对人类的杰出贡献。这一理念,现在已经被写进联合国有关文件,获得国际社会的广泛响应。应该认识到,构建人类命运共同体的理念是有

---

① 本文是作者2019年11月1日在中央社会主义学院的演讲。

坚实基础的。

首先，构建人类命运共同体是有坚实的时代基础的。回首最近100多年的世界历史，人类经历过血腥的热战、冰冷的冷战。20世纪就遭受了两次世界大战的劫难。一直到20世纪70年代末、80年代初，由于有资格打世界大战的超级大国的战争部署受挫，和平与发展成为时代主题。尽管今天的世界依然面临着层出不穷的挑战，包括冷战思维和强权政治阴魂不散，兵戎相见也不间断，非传统安全威胁持续蔓延，但是人类对于和平与发展越来越渴望。"世界这么乱，我们怎么办？"这一问题困扰着世界人民。正是在这样的焦虑中，中国提出的构建人类命运共同体的方案，引起了全球的关注，得到了世界范围广泛的响应。

其次，构建人类命运共同体是有坚实的物质基础的。我们党在提出"人类命运共同体"理念之初，经常使用的一个提法是"你中有我、我中有你的命运共同体"。不同社会制度、不同历史文化背景的国家之所以会形成"你中有我、我中有你"的格局，是因为世界市场经济特别是经济全球化造就了这样的利益格局和特点。在经济全球化不断推进过程中，参与方之间形成了不同层次的利益交汇点，并在此基础上形成了"你中有我、我中有你"的利益共同体，人类命运共同体就是这样建立在坚实的物质基础之上的，因而是不可逆转的。

再次，构建人类命运共同体是有坚实的科技基础的。习近平总书记在论述人类命运共同体理念的时候，强调今天的世界已经成为一个"地球村"，特别是在信息化大幅度推进的当下，互联网、大数据、云计算、量子卫星、人工智能迅猛发展，人类生活的关联前所未有。这种信息化带来的变量，无论是正面的，还是负面的，都使得世界各国人民的前途命运越来越紧密地联系在一起。这是我们构建人类命运共同体坚实的科技基础。

最后，构建人类命运共同体是有坚实的思想和价值观基础的。中国人能够提出这样先进的国际关系理念，是因为中国文化崇尚的是"和而不同""协和万邦"，中国坚持走的是和平发展道路。中国人同时也注意到，和平、发展、公平、正义、民主、自由是人类共同价值，这是大家可以共同构建人类命运共同体的思想和价值观基础。事实上，建立公正合理的国际秩序始终是近代以来人类孜孜以求的目标。从360多年前《威斯特伐利亚和约》确立的平等和主权原则，到150多年前日内瓦公约确立的国际人道主义精神；从70多年前联合国宪章明确的四大宗旨和七项原则，到60多年前万隆会议倡导的和平共处五项原则，国际关系演变积累了一系列公认的原则。习近平总书记说："这些原则应该成为构建人类命运共同体的基本遵循。"①

综上所述，习近平总书记提出的"构建人类命运共同体，实现共赢共享"的"中国方案"，不仅是一种美好的愿望，更是一个具有坚实基础的科学理念。

（二）"一带一路"倡议的实质就是构建人类命运共同体

构建人类命运共同体，就是根据共商、共建、共享的原则，在世界市场经济发展进程中逐步形成利益共同体，并在此基础上进一步形成在经济社会发展和生态保护中共生共荣的人类命运共同体。为了实现这一理念和战略构想，习近平主席在2013年提出了"一带一路"倡议。因此，这一倡议的实质就是要构建人类命运共同体。

对于中国提出的"一带一路"倡议，在世界范围内引起了广泛关注，称赞的有之，质疑的有之，抹黑的也有之。特别是在西方一些大国那里，编织了"新朝贡体系""新马歇尔计划""新殖民主义"和"债务陷阱"等一系列罪名。但是，实践证明，中国提出"一带一路"倡议与诸如此类抹黑毫不相干，中国推进的是造福于世界各国人民的人类命运共同体。

我们注意到，随着"一带一路"倡议的落地和推进，首先是推动亚洲广袤的内陆地区经济加入了经济全球化。过去的经济全球化，一轮又一

---

① 《习近平谈治国理政》（第二卷），外文出版社2018年1月版，第539页。

轮，从大西洋到太平洋，基本上都是海洋经济全球化。"一带一路"倡议的突出贡献，就是把内陆经济同海洋经济连接起来，把经济全球化推进到了一个全新的阶段。"一带一路"倡议之所以能够做到这一点，一是因为这一倡议顺应了内陆国家发展本国经济、改善人民生活的强烈愿望；二是因为高速公路、高速铁路的出现，使得我们可以依托集装箱海运、空运、高速公路、高速铁路和现代网络金融工具等新枢纽，全方位打通海洋经济和内陆经济；三是因为互联网及其相关技术飞速发展并广泛运用，可以塑造以数字经济为基础的新的产业形态和商业模式，使得我们可以形成线上线下互动的"数字丝绸之路"，把海洋经济和内陆经济密切联系起来。

综上所述，中国提出的"一带一路"倡议，不仅把经济全球化推进到了新的发展阶段，而且推动世界各国在更广的区域、更大的范围、更高的层次形成利益共同体和命运共同体。或者说，"一带一路"倡议正在把人类命运共同体从一种理念或战略构想转化为客观现实。

（三）"改革开放再出发"的中国将与世界各国一道共同推进人类命运共同体建设

在当前复杂变动的国际形势下，特别是在举世瞩目的中美贸易摩擦的背景下，中国在2018年隆重庆祝了改革开放40周年，2019年热烈庆祝了新中国成立70周年。习近平总书记2018年在中国改革开放前沿广东提出了"改革开放再出发"，2019年在江西红军长征出发地于都又发出了新时代新长征"再出发"的号召。改革开放再出发，新时代新长征再出发，不仅将造福于中国人民，也将造福于世界人民。特别是，中国将和世界各国一道，共同总结经济全球化的经验和全球治理的经验，推进新一轮经济全球化，构建人类命运共同体。

环顾四宇，当今世界各个方面都在发生新的深刻大变动。一是以信息化、数字化迅猛发展为特点的生产力大变动；二是以新兴国家崛起为特点的国际关系大变动；三是以中国、美国、欧盟、俄罗斯进入重大调整期为特点的世界主要大国国内经济政治的大变动;四是与此相关的中美关系大变动。这四个方面的大变动,催动了一个世界近代以来历史上从未有过的全球范围"两重性"的大变动。以经济全球化为基本特征的世界经济秩序将迎来历史性的转折。

面对这一变局,有些国家妄图以霸权主义和贸易保护主义改造甚至取代世界经济秩序。中国的选择,是改革开放再出发,是新时代新长征再出发。中国改革的步子会越来越大,中国开放的门会开得越来越大。与此同时,中国会和世界各国一起,以创新性的思路解决经济全球化进程和全球治理中出现的问题,推动经济全球化进入新阶段,开创全球治理新局面。

中国的"一带一路"倡议,就是顺应经济全球化进入新时代而提出的战略构想。其结果必定是经济全球化在深度和广度上大大拓展,可以帮助发展中国家在获得新动能的基础上实现经济社会的跨越式发展,也可以与发达国家共同迎接经济全球化新阶段,共同构建人类命运共同体。

(四)抓住中国发展最后的机遇,准备新的斗争

需要指出的是,中国人讲改革开放再出发,讲新时代新长征再出发,讲构建人类命运共同体,不是喊空洞的口号,而是因为我们清醒地认识到了面临的困难和挑战。决心抓住中国发展的最后机遇,准备进行新的伟大斗争。

这一段时间来,我们的注意力都在中美贸易战上。这是一场大仗,确实要认真对待。我们还要未雨绸缪,考虑下一仗将在哪里开打。我们认为,比中美贸易战更为严峻的,是世界贸易组织(WTO)改革这场斗争。"一带一路"倡议也好,构建人类命运共同体也好,都涉及全球治理,涉及我们要建构一个什么样的全球经济治理体系。世界贸易组织(WTO)改革这场斗争,就是全球经济治理体系的斗争,我们一定要早做准备。

第一,世界贸易组织(WTO)改革这场斗争具有必然性,不要心存侥幸。实际上,这方面的摩擦已有多年,斗争升级难以避免。

第二,世界贸易组织(WTO)改革这场斗争是一场硬仗,不能轻敌。中美贸易战面对的是美国一家,世界贸易组织(WTO)改革这场斗争将面对美欧日三家。这不是说他们之间没有可以利用的矛盾,而是说我们一定要有充分的思想准备和方案准备。

第三,中国方案要有包容性,才能打破美欧日三家可能的联手。

在这场复杂的斗争中,我们应该坚持哪些原则呢?一要坚持多边主义的自由贸易原则;二要坚持共识基础上的相对公平原则;三要坚持以规则为基础的协商解决问题的原则。

现在看来,这场斗争将围绕中国是不是市场经济国家、是不是发展中国家这两个问题进行。有同志提出,可不可以把中国定位为"准市场经济国家""准发达国家"?我们认为,对此千万要慎重。我们的建议是,既坚持"市场经济国家"和"发展中国家"的定位,又从实际出发作必要的调整,目的是可以让更多的国家认同我们。具体的提法:一可以把"市场经济国家"调整为"完善中的市场经济国家";二可以把"发展中国家"调整为"不平衡的发展中国家"。与此同时,可以考虑在我国承担的义务和享受的优惠条款中,根据我国的实际情况做一些必要的调整,承担比原来更多的义务,减少比原来更少的优惠。

当然,要成功,要能够说服人,归根到底,还是要靠我们自身的改革。只要深化我们的市场经济体制改革,特别是在国有经济和民营经济的问题上,在科技体制改革的问题上,在金融体制改革的问题上,有几个大动作,不仅能够产生强大的市场力和生产力,而且可以赢得斗争的主动权。对于中国来说,能否掌握这些斗争的主动权,关系到能否抓住中华民族伟大复兴的最后机遇。

"最后的机遇",是邓小平同志对上海同志说的。背景是西方七国联手对中国实施经济制裁,邓小平同志打出"上海牌",做出了开发开放浦东的重大决策,并要求上海的同志抓住这个最后的机遇。至于为什么说"这是上海最后的机遇",现在可以看得很清楚。打"上海牌"好比当年中原突围，冲破了西方经济制裁的"包围"，接下来必定是中国的大发展。而发展起来的中国，就会树大招风，做事就会比过去难。对于上海来讲，错过了这个机遇，老的困难解决不了，新的困难还会接踵而来。事实证明，上海走出了这一步，一步主动，步步主动。我们用"最后的机遇"来比喻今天中国面临的形势，不一定十分恰当，但是可以体会到今天的决策，包括"一带一路"的决策，对中国今后的发展，对中华民族的伟大复兴，至关重要。习近平总书记不止一次用"行百里者半九十"来说明我们今天的历史使命的重要性和紧迫性。

还要看到，2020年我们要制定"十四五"规划。这是在全面建成小康社会基础上，分两步走实现中国社会主义现代化的第一个五年规划。我们强调要抓住"最后的机遇"，准备进行新的伟大斗争，就是要在"十四五"时期赢得中国现代化第一仗的伟大胜利。

"一带一路"和新一轮经济全球化[①]

感谢对外经贸大学邀请我参加今天的中沙关系研讨会。刚才,我们还见证了"中沙丝路智库联盟"的成立。因此,我想以"'一带一路'和新一轮经济全球化"为题,做一个简短的发言。

(一)"一带一路"把经济全球化推进到新阶段

这里,我把"一带一路"和"经济全球化"这样两个大命题联系起来讨论,是因为这样才能更好地理解"一带一路"倡议的意义。

经济全球化,是一个历史过程,可以追溯到19世纪40年代。发端于20世纪70年代的这一轮经济全球化,经过近40年发展,既为世界经济的繁荣和发展做出了巨大贡献,也出现了一系列亟须解决的重大问题。特别是,这一轮经济全球化的"领头羊"美国想不干了,人们把这种现象称为"逆全球化"。于是,一个问题产生了:"经济全球化向何处去?"这种困惑、担忧,牵动着世界许多人的心。"不确定性"这个词从2016年底2017年初开始,在世界各大媒体的报道中频频出现。

在我们看来,任何事物都是在相反相成的对立统一中发展的,经济全球化和反全球化、逆全球化的对立不但不可能阻碍经济全球化的发展,相反会给经济全球化在反思中走向新的发展阶段。你看,这一轮经济全球

[①] 本文是作者2019年6月15日在对外经济贸易大学举行的"中沙丝路智库联盟"成立大会暨首届中沙关系研讨会上的演讲。

化从一开始就遭遇到反全球化的阻击。过去十多年，每当世界经济论坛在达沃斯开会，就有反全球化的世界社会论坛在南美等地对冲，但是它并没有影响经济全球化的发展。至于今天在经济全球化内部出现的逆全球化思潮，问题尽管很严重，但并不可怕。我们认为，经济全球化既不可能终结，也不可能逆转，而是要进入一个新阶段。

第一，推动经济全球化的主要动因是世界市场经济的发展，特别是投资和贸易自由化的发展。到2008年国际金融危机爆发前，它给世界经济带来了几十年的繁荣，特别是给发展中经济体提供了发展的环境和条件，同时也为世界保持长期的和平做出了贡献。正是在世界市场发展进程中，具有不同历史和文化、不同社会制度和意识形态、不同核心利益的各个国家、各个经济体之间，形成了各个层次的利益交汇点；并在这样的利益交汇点上形成了利益共同体。现在的问题是：是拓展这样的利益共同体，还是削弱这样的利益共同体？这关系到人类的前途和命运。习近平主席提出要"构建人类命运共同体"，就是要在利益共同体的基础上，根据共商、共建、共享的原则，进一步形成经济社会发展和生态保护中共生共荣的人类命运共同体。这一构想，顺应了世界市场经济和经济全球化发展的客观要求。

第二，应该承认，这一轮经济全球化在发展过程中出问题了，比如发展失衡、治理困境、数字鸿沟、公平赤字等问题是客观存在的。但是，这些问题是怎么造成的？它们不是经济全球化本身带来的，而是主导这一轮经济全球化的美国等西方发达国家在追求资本利润最大化和全球霸权主义的过程中形成的。我们注意到，在美国等西方发达国家主导的这一轮经济全球化中，存在着两对他们自身难以克服的基本矛盾：本国利益和全球利益的矛盾；本国的资本利益和人民利益的矛盾。作为经济全球化"领头羊"的美国，到底是以"美国优先"即美国利益"优先"，还是以全球利益"优先"，他很纠结。再看他们国内，垄断资本为了追逐利润最大化，导致实体经济空心化致使国内出现严重的就业问题、导致投机资本借助虚拟经济快速进入市场而使一些人一夜暴富加剧两极分化，诸如此类问题加剧了社会底层和一部分中产阶级的不满，推动贸易保护主义和民粹主义盛行起来。这些问题在美国和一些发达国家统统暴露出来以致爆发出来，而且影响波及世界。针对这样的问题，中国的国家主席习近平提出了"构建人类命运共同体"的主张。这是化解本国利益和全球利益矛盾，推动经济全球化健康发展的重大理念和重要原则。这个"中国方案"已经被写进联合国文件。对于经济全球化，我们不能悲观，它既不可能终结，也不可能逆转，而是要进入一个新阶段。

第三，过去的经济全球化，一轮又一轮，从大西洋到太平洋，基本上都是海洋经济的全球化。现在，随着"一带一路"倡议的落地和推进，亚洲和非洲广袤的内陆地区经济也加入了经济全球化。"一带一路"倡议的突出贡献，就是把内陆经济同海洋经济连接起来，把经济全球化推进到了一个全新的阶段。"一带一路"倡议之所以能够做到这一点，一是因为这一倡议顺应了内陆国家发展本国经济、改善人民生活的强烈愿望；二是高速公路、高速铁路的出现，使得我们可以依托集装箱海运、空运、高速公路、高速铁路和现代网络金融工具等新枢纽，全方位打通海洋经济和内陆经济。这样的经济全球化对于中东地区国家来说，更是一个福音。中东地区既连接欧亚非三大洲大陆，又沟通大西洋和印度洋，环临里海、黑海、地中海、红海、阿拉伯海"五海"。这种把海洋经济和内陆经济打通的全方位经济全球化，对于中东地区来讲，是一个极好的发展机遇。

第四，两年过去了，事情又有新的发展。一个最值得注意之点，就是互联网及其相关技术飞速发展并广泛运用，正在塑造以数字经济为基础的新的产业形态和商业模式。习近平主席在第一届"一带一路"国际合作高峰论坛上提出的建设"数字丝绸之路"的宏伟构想，作为经济全球化的新方案，正在日益扩大的范围引起注意和认同。由此得到启发：新一轮经济全球化不仅应是海陆内外联动的经济全球化，而且应是网上网下或线上线下互动的经济全球化。如果我们把正在扎实推进的"一带一路"项目叫作"实体一带一路";那么同这个"实体一带一路"相联系相对应而又相区别的"数字丝绸之路",则是以互联网为平台,以大数据为运行载体,实现"一带一路"沿线国家各市场主体在网上的沟通合作、共建共享;并同时使各国企业,包括中小企业,也能够通过互联网,自主、自由、公平、高效地参与"一带一路"沿线国家的建设。当然,"实体一带一路"与"数字丝绸之路"这二者之间的关系,并不是脱实向虚或者脱虚向实的问题,而是一定要实实在在地形成合力,一定要实实在在地帮助"一带一路"沿线国家在获得新动能的基础上实现经济社会的跨越式发展,并从而能够与发达国家共同迎接经济全球化新阶段,共同构建人类命运共同体。

综上所述,贸易保护主义阻挡不了经济全球化的发展,世界各国的经济发展已经"你中有我、我中有你",成为利益共同体和命运共同体,谁也离不开谁。"一带一路"倡议不仅反映了这个现实,而且通过海陆内外联动、线上线下互动,把经济全球化推进到了新阶段。

(二)发展中国家在新一轮经济全球化中将有大作为

我们"一带一路"沿线国家,基本上都是发展中国家,正在为本国的现代化而奋斗。我们站在经济全球化新阶段的历史制高点上来审视自己,应该有这样一种自信和信心:"天将降大任于斯人也",发展中国家可以有更大更多的作为了!

依据国际货币基金组织的最新预测,2017年到2018年全球经济将有望实现近3.6%的年均增速,比过去两年3.2%的增速稍有进步,这显然是利好的消息。如果再进一步分析这些数据的结构,就可以发现发展中经济体的增速要快于发达经济体,有望达到4.6%,是发达经济体2%增速的两倍。再如果联系这两大经济体经济总量的历史对比,就更有意思了。从1980年到2007年,发达经济体与发展中经济体的经济总量之比是59:41,到2018年倒了过来,变为41:59。这意味着什么?意味着世界经济的重心已经开始从发达经济体迅速转移到发展中经济体,这种变化是具有历史意义的。

对于中东地区的政府和人民来说,使命更特殊,任务更艰巨。古丝绸之路沿线地区曾经是"流淌着牛奶与蜂蜜的地方",如今很多地方成了冲突动荡和危机挑战的代名词。在"一带一路"国际合作高峰论坛上,习近平主席指出,这种状况不能再持续下去。他说,我们要树立共同、综合、合作、可持续的安全观,营造共建共享的安全格局。要着力化解热点,坚持政治解决;要着力斡旋调解,坚持公道正义;要着力推进反恐,标本兼治,消除贫困落后和社会不公。因此,无论在发展问题上,还是在安全问题上,发展中国家特别是"一带一路"沿线的中东地区国家,都身负重任,我们应该为他们加油。

(三)"改革开放再出发"的中国将与世界各国一道共同推进新一轮经济全球化发展

在当前复杂变动的国际形势下,特别是在举世瞩目的中美贸易摩擦的背景下,2018年,中国隆重庆祝了改革开放40周年。习近平总书记还在中国改革开放的前沿广东发出了"改革开放再出发"的号召。改革开放再出发,不仅将造福于中国人民,也将造福于世界人民。特别是,中国将和世界各国一道,共同总结经济全球化的经验和全球治理的经验,推进新一轮经济全球化。

环顾四宇,当今世界各个方面都在发生新的深刻大变动。一是以信息化迅猛发展为特点的生产力大变动,二是以新兴国家崛起为特点的国际关系大变动,三是以中国、美国、欧盟、俄罗斯进入重大调整期为特点的世界主要大国国内经济政治的大变动,四是与此相关的中美关系大变动。这四方面大变动,催动了一个世界近代以来历史上从未有过的全球范围"两重性"的大变动,以经济全球化为基本特征的世界经济秩序将迎来历史性的转折。

面对这一变局,有些国家妄图以霸权主义和贸易保护主义改造甚至取代世界经济秩序。中国的选择是改革开放再出发,推进全方位高水平开放,坚定维护和发展自由贸易,将经济全球化推向新阶段。前一条路线,是要打压中国等新兴国家,依靠独霸世界来打乱经济全球化和多极化,不可能成功,更不可能被我们接受。后一条路线,解决经济全球化进程中出现的问题,继续往前走,才是时代潮流。

中国的"一带一路"倡议,就是顺应经济全球化进入新时代而提出的战略构想。其结果必定是经济全球化在深度和广度上大大拓展,可以帮助发展中国家在获得新动能的基础上实现经济社会的跨越式发展,也可以与发达国家共同迎接经济全球化新阶段,共同构建人类命运共同体。

需要指出的是,中国人讲改革开放再出发,不是喊空洞的口号,而是因为我们清醒地认识到了面临的困难和挑战。

中国的改革和发展,从来都不是一帆风顺的。但是,我们具有在顺利和困难"两重性"复杂态势下"熬"的"持久战"传统。现在和今后一段时间,我们恐怕还是要"熬"。这是一种思想方法,也是一种精神准备。

当然,中国人也知道自己的短板和不足。邓小平同志说过,中国的改革开放是"逼"出来的。我们讲改革开放再出发,就是要再一次"逼"自己,开拓进取,克服短板和不足。

中国的发展,既不是偷来的抢来的,更不是靠依附别人换来的,而是在同经济全球化相联系而不是相脱离的进程中独立自主获得的。一句话,是中国人在向世界开放的同时独立自主干出来的。而且,来自外部的压力越大,中国人干得更欢。能够"干",善于"干",是我们能够"熬",并坚信能够"熬得过"的原因。

一"熬",二"逼",三"干"。这就是在今天的形势下,中国改革开放再出发的精神准备。

我们坚信,将如同毛泽东同志在20世纪50年代说过的那样:"中国将变成一个大强国而又使人可亲。"中国不仅要成为大强国,还要使人可亲!

让我们共同建设"文化一带一路"①

2016年9月7日,是中国国家主席习近平在哈萨克斯坦纳扎尔巴耶夫大学演讲中提出"共同建设'丝绸之路经济带'"三周年。我至今还记得他那富有诗意、亲切感人的演讲。当他说到"回首历史,我仿佛听到了山间回荡的声声驼铃,看到了大漠飘飞的袅袅孤烟"时,我的脑海中就浮现出蓝天白云下,一队又一队满载商品的骆驼在沙丘上缓缓行走的画面。一瞬间,我的脑海中又跳跃式地浮现出一幅新的画面,蓝天白云下来来往往的是欧亚各国的飞机,大地上一队队满载商品的骆驼被高速飞驰的火车、汽车所取代。"丝绸之路"从古到今,就是这么一条连接欧亚人民的文明交往之路。

三年过去了,"一带一路"建设有什么进展?从今年8月17日在北京人民大会堂召开的推进"一带一路"建设工作座谈会上我们获悉,到目前为止,已经有100多个国家和国际组织参与"一带一路"建设,中国政府已经同30多个沿线国家签署了共建"一带一路"合作协议,同20多个国家开展国际产能合作,联合国等国际组织也态度积极,以亚投行、丝路基金为代表的金融合作不断深入,一批有影响力的标志性项目逐步落地。这确实是一个了不起的进展。而且,我们还从这个座谈会上了解到,习近平主席就推进"一带一路"建设,对中国方面参与这项工作的部门和同志提出

---

① 本文是作者2016年9月6日在新疆乌鲁木齐举办的第二届"丝绸之路天山论坛"开幕式上的主旨演讲。

了8项要求，其中包括要坚持各国共商、共建、共享，遵循平等、追求互利等原则，也包括要切实推进民心相通，弘扬丝路精神，推进文明交流互鉴，重视人文合作等要求。

我们知道，"一带一路"的最大公约数是"发展"。我们和各国共同建设"一带一路"，就是要开展跨国互联互通，提高贸易和投资合作水平，推动国际产能和装备制造合作，本质上是通过提高有效供给来催生新的需求，实现世界经济再平衡。因此，"一带一路"是沿线国家的和平发展之路、开放发展之路、合作发展之路、共赢发展之路、共享发展之路。而实现这一发展之路的，是"一带一路"沿线国家的人民，是具有各种共同的和不同的文化背景的人。因此，展现和维系这一发展之路的，重点是经贸，但又不限于经贸，还有文化。建设"一带一路"，不仅要建设"经贸一带一路"，还要建设"文化一带一路"。在这里，我建议：让我们共同来建设"文化一带一路"。

从历史上看，"一带一路"本来就是文化交流之路。根据史书记载，阿拉伯帝国第一次向中国派出使节是公元651年（即中国的唐高宗永徽二年）。这种交往，有官方的，也有民间的；有经贸的，也有文化的。正如习近平主席所说的："丝绸之路把中国的造纸术、火药、印刷术、指南针经阿拉伯地区传播到欧洲，又把阿拉伯的天文、历法、医药介绍到中国，在文明交流互鉴史上写下了重要篇章。"①前不久，我在读毛泽东同志1956年关于音乐工作的谈话时，他在谈到音乐工作者可以演唱外国音乐时，说："隋朝、唐朝的九部乐、十部乐，多数是西域音乐，还有高丽、印度来的外国音乐。"②我不懂音乐，就查什么叫"九部乐"、什么叫"十部乐"。一查才知道，"九部乐"是《隋书》记载的，当时的音乐有清乐、西凉、龟兹、天竺、康国、疏勒、安国、高丽、礼毕；"十部乐"是《新唐书》记载的，当时的音乐有燕乐、清商、西凉、天竺、高

---

① 《习近平谈治国理政》（第一卷），外文出版社2018年1月版，第313—314页。
② 《毛泽东文集》（第七卷），人民出版社1999年6月版，第82页。

丽、龟兹、安国、疏勒、康国、高昌。其中龟兹、康国、安国、疏勒、高昌都属于西域，高丽、天竺就是今天的朝鲜、印度。这些记载说明当时中国和丝绸之路上的国家在音乐文化上的交流已经十分深入。1957年在西安出土的唐三彩骆驼载乐陶俑，其中跳舞的、弹琵琶的陶俑都是西域胡人的形象，这为丝绸之路上的文化交流提供了生动的实物例证。我还记得中国大学者郭沫若在《李白和杜甫》这部著作中，考证说唐朝大诗人李白出生地在伊塞克湖畔的碎叶城。碎叶城在哪里？就在今天的吉尔吉斯斯坦首都比什凯克以东的托克马克市附近。尽管对于李白的出生地是不是碎叶，学术界有不同的看法，但是当时唐朝皇帝在接见西域使者时李白能够翻译西域话，这足以说明"丝绸之路"在那时已经是一条文明交往之路了。这种影响源远流长。且不说别的，就以今天中国家喻户晓的电子商务领军人物马云来说，他创办的公司就叫作"阿里巴巴集团"，谁都知道"阿里巴巴"就是《一千零一夜》这部阿拉伯文学作品中的人物。我们小时候，都读过《一千零一夜》。我还记得，习近平3年前在哈萨克斯坦的演讲中，讲到丝绸之路上的古城阿拉木图有一条冼星海大道。这是我过去不知道的。1941年伟大的卫国战争爆发，中国的著名音乐家冼星海辗转来到阿拉木图，在举目无亲、贫病交加之际，哈萨克斯坦音乐家拜卡达莫夫接待了他，为他提供了一个温暖的家。在阿拉木图，冼星海创作了《民族解放》《神圣之战》《满江红》等著名音乐作品，并根据哈萨克斯坦英雄阿曼盖尔德的事迹创作出交响诗《阿曼盖尔德》，激励人们为抗击法西斯而战，受到当地人们广泛欢迎。像这样的故事，都说明"丝绸之路"不仅是经贸交流之路，也是文化交流之路。

从现实需要来看，"经贸一带一路"也需要"文化一带一路"来支撑。我们注意到，中国许多企业走出去，到"丝绸之路"沿线国家投资，本来可以把中国的优势资源用来为那里的国家和人民服务，实现沿线国家和地区的人民共同发展、共同繁荣、共同进步，是好事。但由于我们有的企业家不了解沿线国家的文化和习俗，还是按照国内那一套去管理企业和处理同企业发展有关的社会问题，结果引起当地人的不满和矛盾。因此，建设好"一带一路"需要两条纽带：一条是经贸纽带，这是一条利益纽带；另一条是文化纽带，这是一条人心纽带。我们在领导中国革命、建设和改革时常说：事业的成败得失，取决于人心向背。我们在推进国际合作的时候，也要高度重视人心向背的问题。"一带一路"如果光有利益纽带，没有人心纽带，不仅是不完全的，而且是不牢靠、不可持续的。对此，我们切切不可大意。特别是，我们和各国共同建设"一带一路"，不是西方一些人所说的要推行中国版的"马歇尔计划"，不是有的人诬蔑我们的要重建各国对中国的"朝贡"制度，也不是有些人胡说的是要撒金钱换朋友，而是一个始终不渝坚持走中国和平发展道路的国家努力建构一种同历史上"强大了必然称霸"完全不同的新型国际关系，努力打造人类的利益共同体和命运共同体。习近平主席为什么要一而再、再而三地强调，"一带一路"建设要坚持各国共商、共建、共享，遵循平等、追求互利等原则，要切实推进民心相通，弘扬丝路精神，推进文明交流互鉴，重视人文合作，其原因就在这里，其重要性就在这里，其紧迫性也在这里。

如果我们懂得了建设"文化一带一路"的重要性，又有一个问题发生了：我们中华民族的文明传统和"丝绸之路"沿线国家的文明传统，能不能共生共荣？这也是一个亟须研究和探讨的课题。从历史上看，这根本不是问题。中国的唐朝是"丝绸之路"十分兴盛的历史时期，而那时中亚西亚是阿拉伯帝国在穆罕默德去世后，伊斯兰文化进入四大哈里发执政的强盛时期。这两个世界强国，在欧亚大陆一东一西两端，不仅能够和平共处，还能够互学互鉴，形成中华文明和伊斯兰文明共生共荣的文明繁荣时期。从文化的本质特点来看，这也不是问题。中国著名的文化学者季羡林在《东方文化史话》中说过："在世界上延续时间长，没有中断过，真正形成独立体系的文化只有四个——中国文化体系，印度文化体系，阿拉伯伊斯兰文化体系和希腊、罗马开始的西欧文化体系。"在我们共同建设的"一带一路"上，要经过这四个文化体系的发源地。而这四个文化体系之所以能够长期延续下来，根本的原因就在于它们不仅有不同的特点，还有共同的文化方向比如崇尚学习、道德向善等等。比如在中亚西亚信奉伊斯兰文化的国家中，人们都知道穆罕默德有一句名言："你们求学吧！哪怕去遥远的中国。"《古兰经》大量的经文都号召穆斯林要把学习作为自己的天职。这同孔子在《论语》开篇中就要求我们中国人的"学而时习之，不亦说乎"，讲的是同一个道理。特别是，我们中华文明历来追求的是"和而不同""和为贵"的人际关系，能够和世界各种文明共生共荣。

  与此同时，我们也清醒地认识到，各种文化尽管有共同的文化方向，但不是什么都是相同的。比如节庆，中国的春节（中国农历正月初一）、基督教文化的圣诞节（公历12月25日）、伊斯兰文化的古尔邦节（伊斯兰历12月10日），都是最热闹的节日，但时间和内涵各不一样。各种文化有各种不同的文化习俗和礼仪。再加上各个不同的国家有不同的历史，实行的是不同的社会制度包括不同的法律制度，在文化精神生活中有不同的特点。而且，文化习俗和礼仪问题，不是少数人的问题，是全社会的问题，不尊重那个国家人民的文化习俗和礼仪就会遭到那个国家人民的集体反感甚至全社会唾弃。因此，我们和各个国家共同建设"一带一路"，必须认真学习各个国家的历史和文化及其习俗礼仪，决不能把这样的事看作小事。这是我们在推进"一带一路"建设时，必须高度重视的重大问题。对于我们中国企业来讲，第一，要学习和了解你所去国家的历史，并在这样的学习中比较深入地了解并谦虚地尊重他们的文化和习俗，包括他们的宗教传统，与他们和睦相处；第二，要学习和了解你所去国家的法律和制度，并在这样的学习中自觉地遵守他们的法律，依法保护自己的权益；第三，要学习和了解你所去国家的社会包括公民的权利，并在这样的学习中融入他们的社会生活，注意尊重和保障当地员工的人权，避免各种社会纠纷。同时，也要学会依靠当地政府和人民，一起反对恐怖主义，保护企业的财产和人身安全。

  需要强调的是，在学习和尊重"一带一路"沿线国家和地区文化的同时，也要学好我们中华民族自己的优秀文化传统。不要以为我是中国人，就自然而然懂得中国文化。我们这个有着上下五千年文明传统的国家，有许多毛泽东同志所说的"文化珍贵品"，但不可否认也有一些思想文化的"糟粕"。在我们各个人的身上，常常是文明的东西和愚昧的东西、先进的东西和落后的东西兼而有之。我们在推进"文化一带一路"建设进程中，应该向沿线国家和地区人民展示我们什么样的文化，是一个很大的问题。这不是派出去几个文艺演出团体、办几场文化展览会就能够解决的，而是要靠每一个到"一带一路"沿线国家和地区去的企业家、技术人员、员工和去那里参观访问的专家学者，以及众多的旅游者等各个方面中国人的身体力行，才能完成的任务。对此，我们不仅要在思想上高度重视，还要有具体的措施来加以落实。只有这样，才能通过"文化一带一路"建设，有效地推进"经贸一带一路"建设，让"一带一路"建设真正造福沿线各国人民。

  由此可见，"文化一带一路"不是一件可有可无的事情，也不是一件容易的事情，但是我们有这样的自信，一定能和各国人民一起，把"文化一带一路"同"经贸一带一路"有机地结合起来，在"民心相通"中把"一带一路"这一关系到21世纪欧亚各国人民前途命运的大事办好。

在中华文明和伊斯兰文明的交流中推进"丝绸之路"经济带建设①

习近平主席提出的"一带一路"倡议中,"丝绸之路"经济带主要经过欧亚大陆。出席这次"一带一路"高端人文对话的嘉宾有来自俄罗斯的,更多的是来自中亚和高加索地区的政府高官、智库、企业以及知名高校的专家学者、驻华使节。我始终认为,"丝绸之路"经济带,不仅是商贸流通之路,还是文化交流之路。因此,今天在这里进行"一带一路"高端人文对话非常重要。考虑到中亚、高加索地区主要是伊斯兰文化区域,我以"在中华文明和伊斯兰文明的交流中推进'丝绸之路'经济带建设"为题,谈三点看法:

第一点,文化交流贵在相互尊重。"有朋自远方来,不亦乐乎?"热情待人是中华民族的文明传统。中国人对待朋友,并不在乎你来自哪个国家,有哪种信仰,只要是朋友,都热情、高兴、真诚、礼貌地接待,十分尊重来自各方的朋友。对待客人是这样,出去学习办事也是这样,平等待人,尊重对方。现在,中国人最喜欢做的事,就是到各地旅游。中国人在旅游中,见到庙就拜菩萨,见到教堂就拜耶稣,见到清真寺就想拜真主。在中国人看来,这就叫作"尊重"。中华文明和伊斯兰文明之间,有一个最大的优势,就是双方在历史上相互尊重,没有发生过像基督教和伊

---

① 本文是作者2018年6月14日由中国社会科学院和中信改革发展研究基金会联合举办的"一带一路"高端人文对话上的演讲。

斯兰教那样的宗教战争。伊斯兰文明和中华文明一样，源远流长，十分辉煌。从伊斯兰的先知穆罕默德在阿拉伯地区传教，到四大哈里发建立横跨欧亚非的阿拉伯帝国，当时中国的唐朝和阿拉伯帝国都是大国，但始终和平相处、相互尊重。后来，发生成吉思汗的大蒙古国和中亚、西亚的伊斯兰各国的战争，历史情况比较复杂。蒙古国先是西征、然后南下。西征的起始时间为1219年，经过近半个世纪，蒙古国征服中亚、西亚的伊斯兰各国后，就向南攻打中原的宋朝，并于1271年建立大元朝，于1276年消灭南宋。而且，有意思的是，就在蒙古国西征后，出现了穆斯林大规模东移进入中原，有不少穆斯林还成为蒙古国和大元朝的高官，后来的明朝有些高官如下西洋的郑和就是穆斯林。也就是说，即使在这样复杂的历史时期，中国人和穆斯林都是友好相处的，中华文明和伊斯兰文明都是相互尊重的。

　　第二点，文化交流重在相互学习。打开孔子的《论语》，第一句就是："学而时习之，不亦说乎？"爱好学习，耕读传家，是中国人的传统。有人说："基督教是洋人的子弹打进来的，佛经是大白象驮进来的，伊斯兰是阿拉伯的骆驼和商船运进来的。"这说明伊斯兰文明和中华文明的交流同"丝绸之路"上的贸易往来有密切的关系。但如果对这句话再深入地想一想，就有一个有趣的现象，不论是子弹打进来的基督教、大白象驮进来的佛经，还是骆驼和商船运进来的伊斯兰，中国人实行的都是"拿来主义"，拿过来就学，学了就融入自己的生活。比如，我们今天以7天为一周，有专家研究说这就是采用了伊斯兰教的历法。至于我们中华民族的音乐财富，谁都知道其中不少都是来自西域的甚至更为遥远的阿拉伯文化。伊斯兰文明作为世界四大文明之一，是阿拉伯各民族在学习中共同缔造的，也是一个开放的体系。伊斯兰文明的形成历史也是一部学习的历史。穆罕默德的名言"你们求学吧！哪怕去遥远的中国"，曾经激励阿拉伯人广泛学习域内域外的文化。正因为中华文明和伊斯兰文明相互尊重，又相互学习，才形成中国人民和伊斯兰世界的人民之间的民心相通。今天我们和欧亚大陆各个国家共同建设"丝绸之路"经济带,尤其要发扬这种相互学习的好传统。

第三点,文化交流需要相互包容。不同的文明有不同的历史,必然有不同的习俗、不同的礼仪。文化交流,并不是要改变对方的习俗和礼仪,而是在相互尊重的基础上相互体谅、相互包容。包容而不强求别人服从自己,是一种美德。中华文明是开放的、包容的。公元7世纪,伊斯兰传入中国时,唐朝就张开双臂欢迎它;到12世纪,伊斯兰大规模传入中国时,宋朝还颁布了保护穆斯林的财产法;到13世纪,元朝还设立了伊斯兰教事务机构。1300多年来,伊斯兰教不仅没有与中国传统文化发生过冲突或战争,而且在中华文明的滋润下在中华大地开花结果,现在伊斯兰文化已经成为中国10个少数民族的文化主体。与此同时,我们注意到,伊斯兰文明也是开放的、包容的。我们今天到中亚、南亚、西亚和高加索地区走一走,尽管那里的人民绝大多数是穆斯林,但他们对我们的友情会永远令我们难忘。前年我去哈萨克斯坦的阿拉木图,才知道我们的革命音乐家冼星海去世后就安葬在那里。他在第二次世界大战的最困难时期就是在那里度过的。那里的人民因为他是中国人,更热爱他、保护他。我们和中亚、南亚、西亚、高加索地区各个国家的人民在文化上特别是信仰上并不一样,但我们见到在那里求学、投资、经商的中国人,都说文化和信仰的不同并不妨碍我们和他们之间的相互交流和合作,更不影响我们在那里的工作和生活,相反,他们很理解我们管理企业的做法。应该讲,这种相互学习又相互包容的文化交流和合作,是推进"一带一路"建设的重要人文保证。

六

尊重和保障人权
也是推进人类命运共同体建设

> 人权问题，在国际关系中的地位越来越突出。联合国成立时，建有安全理事会和经济社会理事会，说明人们对安全和发展问题相当重视。现在联合国又建立了人权理事会，因为解决安全问题和发展问题都不能忽视人权问题。构建人类命运共同体更要尊重和保障各个国家人民的基本人权，而且不能搞什么双重标准。

经济全球化新阶段和人权事业发展新机遇[①]

纵观天下大势，当前经济全球化以及与此相联系的世界格局多极化正面临着重大的历史转折点，各个国家、各个经济体在相互依存、共同发展中构建人类命运共同体正成为时代的课题，中国和世界的人权事业包括形成合理的全球人权治理机制也由此面临着重大的历史机遇。这里，以"经济全球化新阶段和人权事业发展新机遇"为题，谈三点认识。

（一）经济全球化面临的挑战对人权事业提出新要求

研究人权事业的发展，必须联系国情和国际形势的发展，联系国内和国际两个大局。我们必须认识到，经济全球化和人权事业发展有着密不可分的关系。从一般意义上来说，经济全球化有两个重要的支点，一是市场经济，二是人权。反过来，研究人权事业的发展，也要联系市场经济和经济全球化的走向。

经济全球化由来已久，可以追溯到第一次工业革命和资本主义在全球的扩张。马克思、恩格斯在《共产党宣言》中对此有深刻的分析。经济全球化伴随着资本在全球的流动和拓展，此起彼伏，经历了一轮又一轮高潮和低潮。我们今天在这里讨论的"经济全球化"，指的则是发端于20世纪70年代的新一轮经济全球化。这一轮经济全球化经历了近40年的发展，现

[①] 本文是作者在2017年6月8日中国人权研究会和天津市委宣传部主办的"构建人类命运共同体与全球人权治理"理论研讨会上的演讲。

在面临着严峻的挑战,这种态势对人权事业的发展提出了什么要求,这是我们首先要思考和研究的。

这一轮经济全球化,是以美国等西方发达国家为主导,以跨国公司在全球的拓展为特点,以信息化技术在经济社会广泛应用为支撑的。回顾这一轮经济全球化发展的历史,一言以蔽之,40年经济全球化,40年经济大发展;40年经济全球化,40年问题大积累。习近平总书记曾经指出,经济全球化是历史大势,促成了贸易大繁荣、投资大便利、人员大流动、技术大发展。20世纪初以来,在联合国主导下,借助经济全球化,国际社会制定和实施了千年发展目标和2030年可持续发展议程,推动11亿人口脱贫,19亿人口获得安全饮用水,35亿人口用上互联网等,还将在2030年实现零贫困。这充分说明,经济全球化的大方向是正确的。当然,发展失衡、治理困境、数字鸿沟、公平赤字等问题也客观存在。你看,作为经济全球化"领头羊"的美国,到底是以"美国优先"即美国利益"优先",还是以全球利益"优先",他很纠结。再看他们国内,垄断资本为了追逐利润最大化,导致实体经济空心化致使国内出现严重的就业问题、导致投机资本借助虚拟经济快速进入市场而使一些人一夜暴富加剧两极分化,诸如此类问题加剧了社会底层和一部分中产阶级的不满,推动贸易保护主义和民粹主义盛行起来。这些问题在美国和一些发达国家统统暴露出来以致爆发出来,而且影响及于世界。英国脱欧也好,美国、法国大选发生的争论也好,都表明这些问题不能忽视。

这些问题是怎么造成的?应该看到,这些问题是主导这一轮经济全球化的美国等西方发达国家在追求资本利润最大化和全球霸权主义的过程中形成的,而不是经济全球化本身带来的。我们注意到,在美国等西方发达国家主导的这一轮经济全球化中,存在着两对他们自身难以克服的基本矛盾:本国利益和全球利益的矛盾;本国的资本利益和人民利益的矛盾。可以说,过去近40年经济全球化中出现的所有问题,都是由这两个基本矛盾造成的。这在美国等西方发达国家主导下,难以完全避免。但是,这并非意味着经济全球化的终结或逆转，而是呼唤着经济全球化新阶段的到来。

针对这样的问题，习近平总书记提出了两个带有根本指导性的思想：一是构建人类命运共同体；二是坚持以人民为中心。习近平总书记提出要"构建人类命运共同体"，不仅指明了经济全球化继续前进的方向，而且提出了新阶段经济全球化运行的基本原则。这是化解本国利益和全球利益矛盾，推动经济全球化健康发展的重大理念和重要原则。与此同时，"坚持以人民为中心"的发展思想，就可以更好地利用资本的力量来造福人民，而不能听凭资本利益损害人民利益。这是破解经济全球化中第二个基本矛盾的根本出路和重要思想。也就是说，经济全球化将在"构建人类命运共同体"和"坚持以人民为中心"这两个思想指导下，进入一个新阶段。

这个新阶段，一是各个国家携手共同推进，发展中国家将在其中发挥重大作用，而不是美国等西方发达国家主导的；二是进一步推进创新发展，特别是重视虚拟经济和实体经济相结合的"新实体经济"的发展，而不是"虚""实"分离而让投机经济牟利的；三是进一步发挥互联网、集装箱航运、高速公路、高速铁路、现代金融支付工具的作用，从技术上支撑把海洋和内陆打通的全方位经济全球化，而不只是从大西洋到太平洋的海洋经济全球化；四是在全球治理体系完善中对金融及其衍生品严格监管，而不是自由放任的；五是发展成果能够为广大人民群众带来实惠获得感，在实现联合国2030可持续发展议程中加大脱贫减贫力度，而不只是让少数人一夜之间暴富的。显而易见，在"构建人类命运共同体"和"坚持以人民为中心"这样全新思想理念指导下的经济全球化，既不是重起炉灶，也不是过去的简单重复，而是一种提升。因此，我们认为，经济全球化出现的问题并不意味着经济全球化的终结或逆转，而是要求我们直面矛盾和问题，推进经济全球化进入新阶段。

可以相信，这种在"人类命运共同体"和"以人民为中心"思想指导下的经济全球化，不仅会进一步完善市场经济，而且会进一步完善人权的理论和实践。

（二）"构建人类命运共同体"是人权事业发展的新机遇

面对当今世界和平与发展浩浩荡荡的发展大势及其遇到的新挑战，习近平总书记说："让和平的薪火代代相传，让发展的动力源源不断，让文明的光芒熠熠生辉，是各国人民的期待，也是我们这一代政治家应有的担当。中国方案是：构建人类命运共同体，实现共赢共享。"[①]构建人类命运共同体，是世界市场经济和经济全球化发展的必然要求和客观趋势，也是人权事业发展的新机遇。

我们知道，在经济全球化进程中，由于市场经济的作用，各个国家、各大经济体之间已经形成了多层次的利益交汇点；并在这样的利益交汇点基础上，形成了"你中有我、我中有你"的利益共同体。现在的问题是：是拓展这样的利益共同体，还是削弱这样的利益共同体？这关系到人类的前途和命运。习近平总书记提出要"构建人类命运共同体"，就是要在利益共同体的基础上，根据共商、共建、共享的原则，进一步形成经济社会发展和生态保护中共生共荣的人类命运共同体。这一构想，顺应了世界市场经济和经济全球化发展的客观要求。

2017年1月18日，中国国家主席习近平在联合国日内瓦总部的演讲中，全面系统而又精辟地论述了"构建人类命运共同体"这一时代命题。他首先回顾了最近100多年的世界历史，指出20世纪上半叶以前，人类遭受了两次世界大战的劫难，那一代人最迫切的愿望，就是免于战争、缔造和平。20世纪五六十年代，殖民地人民普遍觉醒，他们最强劲的呼声，就是摆脱枷锁、争取独立。冷战结束后，各方最殷切的诉求，就是扩大合作、共同发展。他说："纵观近代以来的历史，建立公正合理的国际秩序是人类孜孜以求的目标。从360多年前《威斯特伐利亚和约》确立的平等

---

① 《习近平谈治国理政》（第二卷），外文出版社2018年1月版，第539页。

和主权原则,到150多年前日内瓦公约确立的国际人道主义精神;从70多年前联合国宪章明确的四大宗旨和七项原则,到60多年前万隆会议倡导的和平共处五项原则,国际关系演变积累了一系列公认的原则。这些原则应该成为构建人类命运共同体的基本遵循。"[1]

令人高兴的是,"人类命运共同体"这样全新的思想理念已经为联合国和世界上许多国家所接受。2月27日至3月24日在日内瓦万国宫召开的联合国人权理事会第34次会议期间,3月1日,中国代表140国发表题为《促进和保护人权,共建人类命运共同体》的联合声明,阐述人类命运共同体重大理念及其对推动国际人权事业发展的重要意义,引起广泛共鸣。人类命运共同体包含的主权平等、对话协商、合作共赢、交流互鉴、绿色发展等理念深入人心,受到各方认同和支持。3月23日通过的关于"经济、社会、文化权利"和"粮食权"的两个决议,明确表示要"构建人类命运共同体"。这是人类命运共同体重大理念首次载入联合国人权理事会决议,标志着这一理念成为国际人权话语体系的重要组成部分。由此决定了,在"人类命运共同体"下推进经济全球化和世界多极化,必将从多方面对世界人权事业的发展提出新的要求。

为此,就要研究人权与国家主权、人权与国际法、人权与国际关系民主化、人权与人道主义援助等重大问题。

一是,人权与国家主权的关系。多年来,西方一些国家以"人权高于主权"为由干涉别国内政。这种观点和做法,实质是否认国家主权是一种集体人权,把个人人权与集体人权割裂开来,结果造成了新的更大规模的人权灾难。习近平主席在日内瓦指出:"主权平等,是数百年来国与国规范彼此关系最重要的准则,也是联合国及所有机构、组织共同遵循的首要原则。主权平等,真谛在于国家不分大小、强弱、贫富,主权和尊严必须得到尊重,内政不容干涉,都有权自主选择社会制度和发展道路。在联合

---

[1]《习近平谈治国理政》(第二卷),外文出版社2017年11月版,第539页。

国、世界贸易组织、世界卫生组织、世界知识产权组织、世界气象组织、国际电信联盟、万国邮政联盟、国际移民组织、国际劳工组织等机构，各国平等参与决策，构成了完善全球治理的重要力量。"①毫无疑问，各个主权国家之间会有矛盾和冲突，按照"人类命运共同体"的思想，我们应该把功夫下在沟通协商、政治谈判上，而不是单方面施压上。习近平主席在日内瓦强调指出："新形势下，我们要坚持主权平等，推动各国权利平等、机会平等、规则平等。"也就是说，在"人类命运共同体"原则下，我们要在坚持集体人权平等的条件下，去解决各个主权国家内部的个人人权平等。

　　二是，人权与国际法的关系。国际法，本来就是维护和保障各国主权和人权的基石。战后，各国以联合国宪章为基础，就政治安全、贸易发展、社会人权、科技卫生、劳工产权、文化体育等领域达成了一系列国际公约和法律文书。习近平主席在联合国日内瓦总部的演讲中指出，各国有责任维护国际法治权威，依法行使权利，善意履行义务。他强调指出："法律的生命也在于公平正义，各国和国际司法机构应该确保国际法平等统一适用，不能搞双重标准"。也就是说，一方面，在处理国际关系问题时，包括在处理国际关系中的人权问题时，必须坚持按照国际法办事的原则；另一方面，为了维护国际法的权威，维护各个国家的主权和人权，必须确保国际法平等统一适用，不能搞双重标准。这是在"人类命运共同体"的思想理念下，维护国际法，在国际关系中尊重主权、保护人权的基本要求。

　　三是，人权与国际关系民主化的关系。多年来，国际社会盛行的是霸权主义和强权政治，发展中国家人民不能掌握自己的命运。要维护和保障各个国家的主权和人权，必须推进国际关系民主化，不能搞"一国独霸"或"几方共治"。习近平主席在日内瓦指出："世界命运应该由各国共同

---

① 《习近平谈治国理政》（第二卷），外文出版社2017年11月版，第539页。

掌握，国际规则应该由各国共同书写，全球事务应该由各国共同治理，发展成果应该由各国共同分享。"要构建人类命运共同体，必须坚持国际关系民主化。

四是，人权与人道主义援助的关系。尊重和保障人权，内在地包含了要弘扬人道主义的要求。但是，在当今世界，以人道主义援助为名，干涉别国主权，侵犯别国人民的人权，已经成为被全世界诟病的一大问题。习近平主席在日内瓦明确指出："面对频发的人道主义危机，我们应该弘扬人道、博爱、奉献的精神，为身陷困境的无辜百姓送去关爱，送去希望；应该秉承中立、公正、独立的基本原则，避免人道主义问题政治化，坚持人道主义援助非军事化。"构建人类命运共同体，需要的是不加任何条件的真正的人道主义，而不是让一个主权国家成为附庸的虚假的人道主义。

在这四个关系中，第一个关系即人权与国家主权的关系是基础，其他三个关系都是由此派生出来的。人权与国家主权的关系，实质是要正确对待和处理好个人人权与集体人权的关系问题。人权包括个人人权，也包括集体人权，我们不能把个人人权与集体人权割裂开来，甚至对立起来，而要正确地处理这两者之间的关系。我们应该认识到，一个没有国家主权即集体人权的公民，他的个人人权是得不到保障的，更谈不上要享受个人人权；但同时也要指出，一个享有国家主权即集体人权的公民，他的个人人权不一定会得到尊重和保障。因此，一个完全意义上的"人类命运共同体"，应该是国家主权即集体人权能够得到尊重和保障，个人人权也能够得到尊重和保障的人类命运共同体。

我们强调，在经济全球化新阶段要奉行"构建人类命运共同体"和"坚持以人民为中心"这两个根本的思想理念，这两个思想理念是不能分割的。只有在构建人类命运共同体的时候，始终坚持以人民为中心，才可能避免顾此失彼，才能把集体人权和个人人权作为一个统一的整体加以对待和处理。也就是说，第一，我们要尊重各个国家的主权即集体人权，不以人权为名干涉别国内政，主权国家之间有矛盾应该通过协商谈判来解决；第二，各个国家公民的人权本质上是各个国家自己的事，应该由各个国家自己解决，国际社会要干预必须经过联合国授权；第三，各个国家都必须把尊重和保障人权作为本国的宪法原则，并向本国公民普及人权知识，依法惩处任何违反和践踏人权的行为；第四，各个国家推进人权事业发展都要从本国国情和社会发展阶段的客观实际出发，国际社会要尊重各个国家的维护本国公民人权的实践；第五，国际社会要把维护和平权和发展权作为重要人权，把惠及各国人民的发展权作为首要的基本的人权；第六，各国要广泛开展人权对话和交流，争取最大程度达成符合和平与发展的时代主题的人权共识。可以说，这是经济全球化新阶段构建人类命运共同体进程中，对世界和中国人权事业提出的新要求。

正是在这样的意义上，我们说构建人类命运共同体不仅是推进经济全球化进入新阶段的必然要求和客观趋势，而且是世界和中国人权事业发展的新机遇。

（三）抓住经济全球化新阶段新机遇推动全球人权治理

在经济全球化新阶段构建人类命运共同体的进程中，抓住世界和中国人权事业发展的新机遇，一个极其重要的任务，就是要从今天变化了的世界实际出发，探索和推动全球人权治理。

习近平主席在联合国日内瓦总部的演讲中指出："大道至简，实干为要。构建人类命运共同体，关键在行动。"[①]他为此强调国际社会要从伙伴关系、安全格局、经济发展、文明交流、生态建设等方面做出努力，构建人类命运共同体。根据他的思路及其提出的基本原则，我们在构建人类命运共同体的时候，应该抓住经济全球化新阶段的新机遇，努力推动全球人权治理形成制度化、规范化、程序化的合理机制。

一要形成人权对话协商机制。人类文明多样性是世界的基本特征，也

---

① 《习近平谈治国理政》（第二卷），外文出版社2017年11月版，第541页。

是人类进步的源泉。世界上有200多个国家和地区、2500多个民族、多种宗教。不同历史和国情,不同民族和习俗,孕育了不同文明,使世界更加丰富多彩。文明没有高下、优劣之分,只有特色、地域之别。文明差异不应该成为世界冲突的根源,而应该成为人类文明进步的动力。当今世界,国与国之间,国内民族之间、教派之间,矛盾和冲突还不少。而这些矛盾和冲突,最受伤害的是平民百姓。要化解纷争和矛盾、消弭战乱和冲突,就需要完善对话协商机制和手段。国家之间要构建对话不对抗、结伴不结盟的伙伴关系。大国要尊重彼此核心利益和重大关切,管控矛盾分歧,努力构建不冲突不对抗、相互尊重、合作共赢的新型关系。尤其是大国对小国要平等相待,不搞唯我独尊、强买强卖的霸道。在人权问题上,由于各个国家的历史文化不同,社会制度和意识形态不同,社会发展阶段不同,各个国家对人权的认识和重点各不相同,也会发生这样那样的矛盾和冲突。为了构建人类命运共同体,化解各国在人权问题上的认知矛盾和行为冲突,同样需要建立或健全对话协商机制。我们现在同一些国家或地区开展的人权对话,取得了很好的经验,可以进一步拓展和完善。

二要形成人权经验共享机制。在人权问题上,我们已经认识到,没有最好,只有更好。因此,各个国家在人权事业发展问题上取得的经验,都是人类文明的瑰宝,都应该得到重视和肯定。这几年,我们在应对禽流感、埃博拉、寨卡等疫情方面,在世界卫生组织引领下,各国加强疫情监测、信息沟通、经验交流、技术分享,取得了很好的经验。在反恐斗争中建立的全球统一战线,也为各国人民撑起了安全伞。这些方面,已经包括了人权领域加强合作的经验。事实上,各国在尊重和保障人权方面各有所长、经验不少,这些经验都应该得到尊重、推广和共享。比如世界上许多国家对于中国脱贫的经验,非常重视。为了构建人类命运共同体,我们应该进一步形成以联合国为主体的多种形式多个平台的人权经验共享机制。

三要形成人权政策协调机制。在推进"一带一路"建设中,有一个很好的经验,这就是习近平总书记提出的"对接"思想。这种"对接"思想的实质，就是强化各个国家之间的政策协调。在我们提出共建"一带一路"倡议后，沿线国家由于种种复杂的原因，有的心存疑虑，有的怕打破地缘政治的平衡，有的怕在盟友或朋友间"选边"，针对这种情况，我们指出"一带一路"并不是要另起炉灶、推倒重来，而是实现战略对接、优势互补。因此，我们同有关国家协调政策，包括同俄罗斯提出的欧亚经济联盟、东盟提出的互联互通总体规划、哈萨克斯坦提出的"光明之路"、土耳其提出的"中间走廊"、蒙古提出的"发展之路"、越南提出的"两廊一圈"、英国提出的"英格兰北方经济中心"、波兰提出的"琥珀之路"等发展战略或发展规划进行协调对接。各方通过政策协调对接，实现了"一加一大于二"的效果。在人权领域，各个国家也各有自己的政策。我们要秉持合作共赢的思想，从根本上改变人权领域以老大自居、一味指责别国人权政策的傲慢做法，在尊重各个国家人权政策的基础上，积极探索形成人权政策的协调机制，找到最多切合点，寻求最大公约数，建设一个各国人权事业共同推进发展的世界新格局。

习近平主席在日内瓦演讲中说："构建人类命运共同体是一个美好的目标，也是一个需要一代又一代人接力跑才能实现的目标。中国愿同广大成员国、国际组织和机构一道，共同推进构建人类命运共同体的伟大进程。"在"人类命运共同体"的思想理念下，构建全球人权治理机制，推进世界人权事业的发展也是一个漫长的奋斗过程。我们认为，各个国家，不论是发达国家，还是发展中国家，都应该为此而努力。联合国人权理事会应该在形成全球人权治理机制方面，包括在人权对话协商、人权经验共享、人权政策协调方面，发挥更重要的作用。

新时代中国共产党人权思想的集中体现
——学习习近平主席的四封人权贺信[①]

伴随着中国特色社会主义进入新时代，中国人权事业也进入了新时代。从2015年到2018年，国家主席习近平连续4年给中国人权研究会和中国人权发展基金会举办的"2015·北京人权论坛""纪念《发展权利宣言》通过30周年国际研讨会""首届'南南人权论坛'""纪念《世界人权宣言》发表70周年座谈会"发来贺信。这在国内外十分罕见，不仅充分体现了习近平主席对人权事业前所未有的高度重视，而且集中反映了中国共产党人关于中国人权事业的深邃思想。学习这4封贺信，对于我们全面认识新时代中国共产党的人权思想，具有极其重要的意义。这里，我以这4封贺信为依据，和大家一起来学习习近平主席的人权思想，深化对新时代中国共产党人权思想的认识。

（一）人权事业是中国共产党领导的宏大事业

人权，在中国共产党心目中，不只是一个理念，更不是一个口号，而是一个实现"全心全意为人民服务"根本宗旨的事业，一个"实现中华民族伟大复兴"历史使命的事业。也就是说，中国共产党人不仅"讲"人权，而且"做"人权。中国共产党人做的是一个宏大的人权事业。这是

[①] 本文是作者2019年在中国国务院新闻办公室和外交部共同主办的"2019·南南人权论坛"的演讲。

习近平主席人权贺信向世界人民传递的一个极其重要的信息。

我们之所以说中国共产党的人权事业是一个宏大的事业，首先在于它是中国共产党为中国人民谋幸福、为中华民族谋复兴的伟大事业。在致"2015·北京人权论坛"的贺信中，习近平主席说："中国共产党和中国政府始终尊重和保障人权。""中国人民正在为实现中华民族伟大复兴的中国梦而奋斗，这将在更高水平上保障中国人民的人权，促进人的全面发展。"2017年12月7日，在致首届"南南人权论坛"的贺信中，习近平主席再次告诉大家："中国共产党和中国政府坚持以人民为中心的发展思想，始终把人民利益摆在至高无上的地位，把人民对美好生活的向往作为奋斗目标，不断提高尊重与保障中国人民各项基本权利的水平。前不久召开的中国共产党第十九次全国代表大会描绘了中国发展的宏伟蓝图，必将有力推动中国人权事业发展，为人类进步事业作出新的更大的贡献。"

我们之所以说中国共产党的人权事业是一个宏大的事业，同时在于它是中国共产党人近百年来矢志不渝奋斗的伟大事业。"中国共产党从诞生那一天起，就把为人民谋幸福、为人类谋发展作为奋斗目标。中华人民共和国成立近70年特别是改革开放40年来，中华民族迎来了从站起来、富起来到强起来的伟大飞跃。中国发展成就归结到一点，就是亿万中国人民生活日益改善。"习近平主席2018年12月10日在致"纪念《世界人权宣言》发表70周年座谈会"的贺信中的这一论断，高度凝练地概括了中国共产党近百年来为人权而奋斗的历史及其取得的历史性成就。

我们之所以说中国共产党的人权事业是一个宏大的事业，还在于中国共产党不仅致力于实现中国人民的人权，而且满腔热情地支持世界各国特别是发展中国家人民的人权事业。在致"2015·北京人权论坛"的贺信中，习近平主席说："国际社会应该积极推进世界人权事业，尤其是要关注广大发展中国家民众的生存权和发展权。"在致首届"南南人权论坛"的贺信中，习近平主席还说："人人充分享有人权，是人类社会的伟大梦想。近代以来，发展中国家人民为争取民族解放和国家独立，获得自由和平等，享有尊严和幸福，实现和平与发展，进行了长期斗争和努力，为世界人权事业发展作出了重大贡献。""今天，来自世界多个国家和地区的代表相聚北京，出席首届'南南人权论坛'，共商发展中国家和世界人权事业发展大计。我谨对本次论坛的举办表示热烈的祝贺！"

（二）中国共产党人权思想的深刻性源于中国人民为人权艰辛奋斗的历史实践

与此同时，我们还要进一步认识到，习近平主席告诉我们，中国共产党人权思想的深刻性源于中国人民为人权艰辛奋斗的历史实践中。

"尊重和保障人权"的原则，已经载入《中华人民共和国宪法》和《中国共产党章程》这两个具有最高权威性的国家和党的根本大法。这也是中国人权事业进步标志性的体现。中国共产党人之所以能够取得这样的历史性进步、做出这样重大的政治决定，是因为中国共产党人的人权意识来自中国人民的苦难历史和长期实践。

在中国人民抗日战争暨世界反法西斯战争胜利70周年之际，2015年9月16日，以"和平与发展：世界反法西斯战争的胜利与人权进步"为主题的"2015·北京人权论坛"开幕了。习近平主席在给论坛发来的贺信中指出："70年前，为维护人类和平、正义、尊严，全世界热爱和平与自由的国家和人民，经过艰苦卓绝的浴血奋战，付出数以千万计生命的代价，赢得了世界反法西斯战争的胜利。中国人民抗击日本军国主义的野蛮侵略长达14年之久，为世界反法西斯战争胜利付出了巨大牺牲、做出了重大贡献。近代以后，中国人民历经苦难，深知人的价值、基本人权、人格尊严对社会发展进步的重大意义，倍加珍惜来之不易的和平发展环境，将坚定不移走和平发展道路、坚定不移推进中国人权事业和世界人权事业。"

也就是说，中国共产党人的人权思想不是从天上掉下来的，也不是头脑里固有的，同样也不仅仅是从书本上获得的，而是从鸦片战争以来170多年的中国人民的苦难历史，特别是从中国人民的抗日战争和反法西斯战争的漫长实践中形成的,因此,习近平用"深知"和"倍加珍惜"这样的词语来表达我们对人权的认识。中国共产党人权思想的深刻性,正是源于中国人民为人权艰辛奋斗的历史实践。

(三)中国共产党领导中国人民走出了一条中国特色人权发展道路

道路决定命运。中国共产党的一个成功经验,就是无论在领导革命、建设,还是在领导改革开放的伟大实践中,都致力于寻找和开辟一条适合中国国情的正确道路。在人权事业上,也是如此。

学习习近平主席的人权贺信,我们可以注意到,"走出了一条中国特色人权发展道路"这一重大结论,是贺信最大的亮点。在致"2015·北京人权论坛"的贺信中,习近平主席说:"长期以来,中国坚持把人权的普遍性原则同中国实际相结合,不断推动经济社会发展,增进人民福祉,促进社会公平正义,加强人权法治保障,努力促进经济、社会、文化权利和公民、政治权利全面协调发展,显著提高了人民生存权、发展权的保障水平,走出了一条适合中国国情的人权发展道路。"在致"纪念《发展权利宣言》通过30周年国际研讨会"的贺信中,习近平主席说:"多年来,中国坚持以人民为中心的发展思想,把增进人民福祉、保障人民当家作主、促进人的全面发展作为发展的出发点和落脚点,有效保障了人民发展权益,走出了一条中国特色人权发展道路。"在致"纪念《世界人权宣言》发表70周年座谈会"的贺信中,习近平主席又一次指出:"中国坚持把人权的普遍性原则和当代实际相结合,走符合国情的人权发展道路,奉行以人民为中心的人权理念,把生存权、发展权作为首要的基本人权,协调增进全体人民的经济、政治、社会、文化、环境权利,努力维护社会公平正义,促进人的全面发展。"

什么是中国特色人权发展道路?习近平主席的人权贺信,为我们深入学习、研究和领会这条道路的要点,指出了明确的方向。

——这条道路，坚持把人权的普遍性原则同中国实际相结合。中国共产党从来不否定人权是人类社会必须共同遵循的普遍性原则。习近平主席说："实现人民充分享有人权是人类社会的共同奋斗目标。""《世界人权宣言》是人类文明发展史上具有重大意义的文献，对世界人权事业发展产生了深刻影响。"与此同时，他强调指出："人权事业必须也只能按照各国国情和人民需求加以推进。"中国始终坚持"走符合国情的人权发展道路"。这是中国的基本经验，也是中国特色人权道路的基本原则。

——这条道路，坚持以人民为中心的发展思想。人权作为人之为人的权利，不是抽象的人的权利，而是现实的人的权利；不是少数人的权利，而是全体人民的权利；更不是以维护人权为名用来惩罚别人的权利，而是能够让全体人民普遍享受到幸福的权利。中国共产党始终坚持"以人民为中心"的人权观，把增进人民福祉、保障人民当家作主、促进人的全面发展作为发展的出发点和落脚点。为此，努力促进经济、社会、文化权利和公民、政治权利全面协调发展，维护社会公平正义，加强人权法治保障。

——这条道路，坚持把生存权、发展权作为首要的基本人权。在致"纪念《发展权利宣言》通过30周年国际研讨会"的贺信中，习近平主席深刻指出："发展是人类社会永恒的主题。联合国《发展权利宣言》确认发展权利是一项不可剥夺的人权。作为一个拥有13亿多人口的世界最大发展中国家，发展是解决中国所有问题的关键，也是中国共产党执政兴国的第一要务。中国坚持把人权的普遍性原则同本国实际相结合，坚持生存权和发展权是首要的基本人权。""基本人权"的特点，就在于它的"基本性"。它既是现实的人及其生命和尊严得以存续的基本权利，又是协调增进全体人民的经济、政治、社会、文化、环境权利，努力维护社会公平正义，促进人的全面发展的基本权利。

——这条道路，坚持把人民幸福生活作为最大的人权。在致"纪念《世界人权宣言》发表70周年座谈会"的贺信中，习近平主席明确指出："人民幸福生活是最大的人权。""最大人权"和"基本人权"相联系，又高于

"基本人权"。这一论断,在世界人权思想发展史上具有开创性的意义。中国共产党正是根据这样的人权思想,推进中国人权事业务实发展,造福于人民的。在致"纪念《发展权利宣言》通过30周年国际研讨会"的贺信中,习近平主席指出:"当前,中国人民正在为实现'两个一百年'奋斗目标、实现中华民族伟大复兴的中国梦而努力,中国人民生活将更加幸福,中国人民权利将得到更充分保障,中国将为人类发展进步作出更大贡献。"

——这条道路,辩证地认为人权保障没有最好,只有更好。唯物辩证法认为,事物是不断发展的,实践是不断深入的,人们对规律的认识也是不断深化的。在人权问题上,不管人们愿意不愿意,人权事业是不断发展的,人们对人权的认识也是不断深化的。从法国大革命时期颁布的《人权宣言》到第二次世界大战后联合国通过的《世界人权宣言》,再到战后一个又一个人权文件的诞生,一部世界人权发展史有力地证明了习近平所揭示的"人权保障没有最好,只有更好"是一个规律性的认识。这一认识具有普遍的意义,同时也是中国特色人权道路在实践中形成并在实践中不断发展的重要思想依据。

综上所述,习近平主席阐述的中国特色人权发展道路及其所包含的中国特色人权观,是习近平新时代中国特色社会主义思想的重要组成部分,是我们推进中国人权事业发展的行动指南。我们应该下大功夫学习、研究和领会这一马克思主义中国化思想的重要成果。

(四)和世界人民共同构建人类命运共同体

中国共产党不仅致力于为中国人民谋幸福、为中华民族谋复兴,而且致力于为人类谋和平与发展。习近平主席在人权贺信中,以极其鲜明的语言强调指出:"中国人民愿与包括广大发展中国家在内的世界各国人民同心协力,以合作促发展,以发展促人权,共同构建人类命运共同体。"

首先,在共同构建人类命运共同体时,"和平权"和"发展权"是当今世界最迫切需要的人权。在中国人民抗日战争暨世界反法西斯战争胜利70周年之际，习近平主席在致"2015·北京人权论坛"的贺信中指出：本届论坛"以'和平与发展：世界反法西斯战争的胜利与人权进步'为主题，有利于推动各方对保障人类和平权、发展权的深入思考"。他代表中国政府和中国人民，并以个人的名义对论坛的举行表示祝贺，就在于中国人民抗日战争和世界反法西斯战争的历史经验，以及今天世界的现实告诉我们，没有和平权、发展权就谈不上其他人权。

其次，在共同构建人类命运共同体时，由于当今世界发展中国家人口占80%以上，全球人权事业发展离不开广大发展中国家的共同努力。习近平主席指出："发展中国家应该坚持人权的普遍性和特殊性相结合的原则，不断提高人权保障水平。""国际社会应该本着公正、公平、开放、包容的精神，尊重并反映发展中国家人民的意愿。"

再次，在共同构建人类命运共同体时，应该加强不同文明交流互鉴、促进各国人权交流合作，推动各国人权事业更好发展。习近平主席在致"纪念《发展权利宣言》通过30周年国际研讨会"的贺信中说："中国希望国际社会以联合国2030年可持续发展议程为新起点，努力走出一条公平、开放、全面、创新的发展之路，实现各国共同发展。"同时，他表示"中国积极参与全球治理，着力推进包容性发展，努力为各国特别是发展中国家人民共享发展成果创造条件和机会"。为此，习近平主席要求我国人权研究工作者要与时俱进、守正创新，为丰富人类文明多样性、推进世界人权事业发展做出更大贡献。

最后，在共同构建人类命运共同体时，必须认识到，人类共同价值是构建命运共同体的重要基石。习近平主席在致"纪念《世界人权宣言》发表70周年座谈会"的贺信中，首次提出："中国人民愿同各国人民一道，秉持和平、发展、公平、正义、民主、自由的人类共同价值，维护人的尊严和权利，推动形成更加公正、合理、包容的全球人权治理，共同构建人类命运共同体，开创世界美好未来。"

新中国人权事业经验
对于发展中国家人权事业的意义 ①

2019年是新中国成立70周年。在这70年里,中国人民创造了经济快速发展和社会长期稳定的奇迹。这两大奇迹中,包含了中国人权事业的进步,及其对经济社会发展的巨大贡献。新中国人权事业的发展和进步,对于文明多样性下的世界人权事业的发展,特别是对于广大发展中国家人权事业的发展,也提供了有益的经验。

(一)中国和发展中国家在人权问题上可以相互理解、相互借鉴

首先,中国人权事业的发展和进步,在人口众多的发展中国家中具有极大的典型性。我们知道,到2018年,全球人口已经达到75.79亿,其中80%人口生活在发展中国家。经济不发达,人口众多,是发展中国家两大特点,也是发展中国家在人权事业发展中的两大难点。而中国是世界上最大的发展中国家,2018年人口达到13.95亿,占世界人口的18%,要保障如此众多人口的人权问题,其困难之多、情况之复杂,是世界上其他国家难以想象的。但是中国做到了,就以帮助绝对贫困人口脱贫这件事来说,中

---

① 本文是作者2019年在中国国务院新闻办公室和外交部共同主办的"2019·南南人权论坛"上的演讲。

国取得的成就举世瞩目，明年中国将要完成脱贫攻坚任务，这是中国人权事业发展的历史性成就。在脱贫问题上是这样，在就业、教育、医疗、养老等各个方面尊重和保障人权的问题上，也是这样。显然，中国保障如此众多人口各方面人权的经验，对世界人权事业的发展是一个极大的贡献，对于发展中国家更具有直接的借鉴意义。

同时，中国人权事业的发展和其他发展中国家一样，既是在实现现代化的进程中推进的，又面临着来自西方发达国家的种种阻力，包括霸权主义和强权政治等的打压，中国和广大发展中国家的心是相通的。我们知道，中国和广大发展中国家都有被殖民的历史，独立后又都面临着现代化的任务以及由此带来的挑战。西方国家在现代化进程中的人权记录并不光彩。和他们的现代化相伴随的，是贩卖奴隶、发动战争等侵犯人权的血淋淋历史。而广大发展中国家的现代化经历了完全不同于西方国家的历史进程，尽管在有的国家也发生过军政府专制统治等侵犯人权的悲剧，但总的来说，广大发展中国家在人权记录上要比殖民主义者光彩得多。中国的现代化走的是和平发展的道路，既没有通过殖民地掠夺别国的资源，更没有通过战争为自己谋私利。中国在现代化进程中，一方面努力学习西方发达国家的有益经验，另一方面坚持走自己的道路，积极探索符合中国国情的现代化道路。这一特点，反映在人权事业上，就是努力把人权的普遍性原则和中国的具体实际结合起来，根据中国人权事业发展各个阶段的特点一步一个脚印推进人权事业的发展。与此同时，中国在人权事业发展问题上和许多发展中国家一样，还要直面西方一些国家蛮横无理的指责。因此，中国和广大发展中国家在人权问题上不仅可以相互理解，而且可以相互借鉴。

（二）中国在人权问题上可以为发展中国家分享的经验

那么，中国在人权事业发展中有哪些经验，是可以同广大发展中国家分享的呢？

回顾新中国70年来人权事业发展的历史，最重要的经验，是坚持了六项人权原则：

一是，始终坚持把人权的普遍性原则和中国实际相结合，走中国特色人权发展道路。

二是，始终坚持全体人民的集体人权，坚定维护国家主权。

三是，始终坚持生存权和发展权是首要的基本的人权，全面落实经济、社会和文化权利。

四是，始终坚持有序推进公民权利和政治权利，不断完善民主和法治。

五是，始终坚持尊重和保障特殊群体权利，维护全社会的公平和正义。

六是，始终坚持把人民幸福作为最大的人权，不断满足人民对于美好生活日益增长的需要。

这六项人权原则，来自中华民族自鸦片战争以来近180年坚持不懈奋斗的历史，来自中国共产党成立以来近100年历尽坎坷的艰辛探索，来自新中国建立以来70年风雨兼程的曲折实践，来自中国改革开放以来40多年创新发展的成功经验。对于中国人民来说，这些经验来之不易，来自这些宝贵经验的人权原则更是弥足珍贵。对于广大发展中国家来说，中国的经验也是十分珍贵的。

正如习近平主席说过的，全球人权事业发展离不开广大发展中国家共同努力。人权事业必须也只能按照各国国情和人民需求加以推进。发展中国家应该坚持人权的普遍性和特殊性相结合的原则，不断提高人权保障水平。国际社会应该本着公正、公平、开放、包容的精神，尊重并反映发展中国家人民的意愿。中国人民愿与包括广大发展中国家在内的世界各国人民同心协力，以合作促发展，以发展促人权，共同构建人类命运共同体。

有句古老的世界格言说："条条道路通罗马。"实现现代化不会只有西方化一条路，尊重和保障人权也不会只有西方化一条道。中国的现代化道路，中国保障人权的路径，是非西方化的，是中国的，但也是世界的，是中国人民对世界的贡献。

说到这里，必须指出：我们十分重视世界各国的经验，但决不照抄照搬人家的经验，同样我们也不希望别的国家照抄照搬我们的经验。

（三）假人权真霸权是发展中国家人权事业发展的障碍

在首届"南南人权论坛"上，中国国家主席习近平在致论坛的贺信中指出："人人充分享有人权，是人类社会的伟大梦想。近代以来，发展中国家人民为争取民族解放和国家独立，获得自由和平等，享有尊严和幸福，实现和平与发展，进行了长期斗争和努力，为世界人权事业发展作出了重大贡献。"

但是，现在世界上有一些人，对于自己国家的严重人权问题，置之不理，而对于别的国家的人权状况，特别是对中国和广大发展中国家的人权状况，指手画脚，颐指气使。这种虚伪的"人权卫士"，实际上捍卫的不是"人权"，而是他们视作命根子的"霸权"。这种假人权真霸权，才是我们广大发展中国家人权事业发展的障碍。我们理所当然要对他们说"不"。

人权作为人之为人的权利，经过漫长的中世纪被作为人类文明的成果彰显出来，又经过两次世界大战被确立为人类共同的价值观，这是人性或人的良心的自我觉醒。但人权就是人权，绝不是人的劣根性的张扬或诡辩，更不是侵犯人权的暴徒的暴力行为的挡箭牌。最近，在涉及中国香港、新疆问题上，在美国一些政客那里，他们不仅混淆是非、颠倒黑白，而且以捍卫"人权和民主"为名，用他们的国内法来干涉中国内政，妄图为香港的暴恐分子和新疆的恐怖主义势力张目。他们把杀害平民、侵犯人权的暴力行为美化为"人权""民主"，这真是世界人权史的悲剧。

当然，这种颠倒"人权"和"侵犯人权"是非的恶劣行径，在已经觉醒了的中国人民和世界人民面前，是决不可能得逞的。

历史性的进步

——中国人权事业 70 年迈出三大步[①]

2019年是中华人民共和国成立70周年。习近平总书记对这70年征程的总结,有两句话:"人民是共和国的坚实根基","人民是我们执政的最大底气。"[②]这两句话,既讲了人民与共和国的关系,又讲了人民与党执政的关系。其核心思想,强调的是"人民"。人民共和国波澜壮阔、跌宕起伏的70年,也是中国人权事业波澜壮阔、跌宕起伏的70年。在这70年黄金岁月里,中国人权事业迈出了历史性的三大步,取得了历史性的进步。

第一步:"站起来"的中国人实现了中国历史上第一次人权大飞跃

"占人类总数四分之一的中国人从此站立起来了。"[③]这是毛泽东同志在新中国诞生之际宣布的,是对中华民族百年奋斗历史的最好总结。

"站起来"的标志,就是中国人民政治协商会议第一届全体会议的召开和中华人民共和国的成立。1949年9月21日召开的中国人民政治协商会议第一届全体会议制定的《中国人民政治协商会议共同纲领》,是中国

[①] 本文是作者2019年5月9日在中国人权研究会和吉林省委宣传部共同主办的"新中国人权70年:道路、实践与理论"研讨会上的演讲,发表于《人权》杂志2019年第3期。

[②] 《人民日报》2019年1月1日。

[③] 《毛泽东文集》(第五卷),人民出版社1996年8月版,第343页。

历史上第一个全面反映和保障中国人民基本人权的大宪章。1949年10月1日成立的中华人民共和国，是中国历史上第一个宣告实行人民民主专政即人民可以享受基本人权的新中国。因此，我们说"站起来"这个朴实的话语，具有深刻的内涵，意味着新中国的成立实现了中国历史上第一次人权大解放和大飞跃。

我们知道，人权从来都不是抽象的概念，人权解放更是现实的历史进程。站起来，只是中国人的人权大解放的起点，而不是中国人的人权大解放的终点。站起来后的中国人民为实现这次人权大解放，在中国共产党的领导下做了大量的工作，进行了艰辛的努力。同样的道理，站起来，只是解决中华民族如何挣脱帝国主义、封建主义和官僚资本主义反动统治的枷锁，成为国家和社会的主人，从而使中国人民享受到基本人权，而不可能解决中国所有的人权问题。人权解放的进程作为现实的历史进程，必定是现实的又具有历史特点的。站起来的历史特点，决定了站起来的中国人的人权大解放有着历史形成的特点和重点。

一是，站起来的中国人的人权大解放大飞跃，首先体现在清理和废除旧中国那些毫无人权的宗法制度和封建习俗，建立保障中国人民基本人权的法律制度。比如1950年5月1日颁布的新中国第一部法律是《中华人民共和国婚姻法》。《婚姻法》规定，废除包办强迫、男尊女卑、漠视子女利益的封建主义婚姻制度；实行男女婚姻自由、一夫一妻、男女权利平等、保护妇女和子女合法利益的新婚姻制度。又比如1950年6月30日公布施行的《中华人民共和国土地改革法》，是全面展开土地改革的法律依据，使得包括新老解放区在内3亿多无地少地农民，在彻底摧毁封建土地所有制的同时，无偿获得7亿亩土地和其他生产资料，享受到了从未有过的人权。

二是，站起来的中国人的人权大解放大飞跃，主要体现在中国人民第一次享受到了公民权和政治权利。在完成民主革命遗留任务并恢复国民经济后，中国有条件进行普选，召开全国人民代表大会。1952年年底，中国共产党向全国政协提议召开全国人民代表大会和地方各级人民代表大会，并开始进行起草选举法和宪法草案等准备工作。1953年3月颁布的《中华人民共和国全国人民代表大会及地方各级人民代表大会选举法》和1954年9月15日至28日举行的第一届全国人民代表大会第一次会议通过的《中华人民共和国宪法》，表明站起来的中国人民第一次享受到了公民权和政治权利。

三是，站起来的中国人的人权大解放大飞跃，还体现在中国完成了对生产资料私有制的社会主义改造，建立了社会主义基本制度，并开始进一步探索适合中国国情、能够调动中国人民各方面积极因素的社会主义发展道路。特别是，中国共产党创造的和平赎买政策，既完成了对资本主义工商业的社会主义改造，又尊重和保障了民族工商业者的基本人权。毛泽东同志在探索中国工业化道路进程中写下的《论十大关系》等著作，核心思想就是为了更好地保障中国人民在各个方面的基本人权。正如毛泽东同志在《关于正确处理人民内部矛盾的问题》中说的："所谓有公民权，在政治方面，就是说有自由和民主的权利。"他同时指出："人民享受着广泛的民主和自由；同时又必须用社会主义的纪律约束自己。这些道理，广大人民群众是懂得的。"[①]

与此同时，也要看到，中国人站起来的历史特点，决定了这次人权大解放大飞跃有自己的历史特点。这就是，站起来的中国人同压制或破坏中国人站起来的人是对立的，因此我们鲜明地区分了"人民"和"敌人"两个范畴。对人民，包括人民内部矛盾，用的是民主的方法；对敌人，用的是专政的方法。任何以专政为由抹杀或否定中国人权的说法，不是无知，就是恶意。因为这种专政有两个明确的目的，一是保护人民的人权不再受侵犯，二是对敌人也不只是简单地剥夺他们的权利，而是通过法律和劳动等方式"改造他们成为新人"[②]。

[①]《毛泽东文集》（第七卷），人民出版社1999年6月版，第208–209页。
[②]《毛泽东文集》（第七卷），人民出版社1999年6月版，第212页。

第二步：在为中国人民"富起来"而奋斗的改革开放中实现了中国历史上第二次人权大飞跃

富起来，是人民群众对中华民族伟大复兴进程中改革开放这段历史特点最简明的概括；"改革开放富起来"，是人民群众用歌曲对我们为什么能够在短短40年时间就富起来这一历史经验的最好总结。

邓小平同志曾经说过："中华人民共和国在不长的时间内将会成为一个经济大国，现在已经是一个政治大国了。"[①]改革开放就是要把中国从一个政治大国，进一步建设成为一个政治和经济大国。应该看到，从1978年开始的改革开放，从农村实行家庭联产承包责任制和建立深圳等四个经济特区以来，无论是推进经济体制改革、科技体制改革、教育体制改革、文化体制改革、政治体制改革，还是推进和谐社会建设、生态文明建设、党内民主建设，所有这一切改革和发展，都极大地推进了中国政治大国和经济大国的建设，也极大地推进了中国人权事业的发展。因此，在为中国人民富起来而奋斗的改革开放，实现了中国历史上第二次人权大飞跃。

站起来的中国人的人权大解放大飞跃，有站起来的历史特点；富起来的中国人的人权大解放大飞跃，同样有富起来的历史特点。

一是，为中国人民富起来而奋斗的改革开放，明确把公民的生存权和发展权作为首要的基本人权。历史留给我们的，是一个世界上人口最多的发展中国家。人口多，人权问题也多；发展中国家，人权问题也处在发展中。这些基本的国情，使得中国人权事业面对的是许多国家都没有的巨大挑战。因此，中国共产党和中国人民特别重视从中国的基本国情和中国人民的历史命运出发思考和研究人权。从改革开放以来，我们在实现由"以阶级斗争为纲"到"以经济建设为中心"的战略转变过程中，得到的一个

---

① 《邓小平文选》（第三卷），人民出版社1993年10月版，第358页。

最重要的认识，就是：摒弃"以阶级斗争为纲"，可以尊重和保障人权；坚持"以经济建设为中心"，能够实现和保障人权。1991年10月29日，江泽民同志在接受美国媒体采访时深刻地指出："民主、自由和人权的一个根本问题，是人在社会上的生存权和发展权，也就是人能否真正掌握自己命运的权利。"[1]历史经验告诉我们，在中国，公民的生存权和发展权是所有人权中首要的基本人权。

这一认识，来自中国人民一个半世纪以来艰苦奋斗的历史，来自中国共产党对新中国成立以来40多年特别是改革开放以来10多年经验的总结，也来自中国对当代世界一大批发展中国家改变不发达状态的经验的观察和思考，因此它具有一定的普遍适用性。可以这样说，这是我们中国人对世界人权事业的一大贡献，也是中国对世界人权理论的一大发展。

二是，为中国人民富起来而奋斗的改革开放，决定用国家根本大法来保障中国人的人权。由于我们在人权事业的发展过程中经历过令人痛心的曲折，因此我们更加珍惜中国人权事业发展所取得的成果，更加珍惜我们每一个人在中国社会进步中应该享有并已经享有的人权。江泽民同志在1997年就明确指出："重视人的尊严和价值是中华民族的传统美德。""人权问题具有普遍性意义。"[2]因此，1997年9月召开的党的十五大把"尊重和保障人权"写进党代会报告，2004年3月召开的第十届全国人民代表大会第二次会议进一步把"尊重和保障人权"写进《中华人民共和国宪法》。这标志着中国共产党已经明确地把"尊重和保障人权"作为治国的根本理念和重要任务。这在中国人权史上是一个历史性的重大事件，也是一个历史性的重大进步。

三是，为中国人民富起来而奋斗的改革开放，认识到各个国家的人权发展道路要符合各个国家的基本国情和历史进程要求。中国是一个人权资

---

[1]《江泽民论有中国特色社会主义》（专题摘编），中共中央文献研究室编，中央文献出版社2002年8月版，第322页。

[2]《江泽民文选》（第二卷），人民出版社2006年8月版，第52页。

源十分丰富的国家，既有"民为邦本""仁者爱人"等中华优秀传统文化资源，又有西学东渐传入的世界各国的人权思想资源，更有中国共产党领导的革命、建设和改革中积累的人权思想资源。中国共产党懂得，人权既是一个普遍性的原则，又要靠各个国家的努力才能实现，从根本上讲，人权是一个国家主权范围内的问题，要从各个国家的实际情况出发。改革开放以来，中国共产党带领中国人民为尊重和保障中国人民的人权，进行了积极的探索，在尊重和保障个人人权和集体人权、公民权和经社权利以及各类特殊群体人权等方面，都取得了成功的经验，为开辟中国特色人权道路做出了富有成效的探索。

与此同时，为中国人民富起来而奋斗的改革开放，也在面向世界、走向世界的进程中加强了同世界各国在人权问题上的交流和合作，并直接参与了联合国的人权工作。中国在人权事业中取得的进步越来越为国际社会所承认，中国在推进人权事业中创造的成功经验越来越成为世界各国的共同财富。

第三步：在中国人民充满自信奔向"强起来"的新时代开启了中国历史上第三次人权大飞跃的大门

中国特色社会主义进入新时代，意味着中华民族迎来了从"站起来""富起来"到"强起来"的伟大飞跃。中国人权事业也伴随着中国历史方位的这一巨大变化，开启了新时代中国人权大飞跃的大门。

第一，新时代的中国人权事业，是在习近平新时代中国特色社会主义思想指导下的伟大事业。党的十九大把十八大以来的创新理论概括为习近平新时代中国特色社会主义思想，并把这一马克思主义中国化的最新成果同马列主义、毛泽东思想、邓小平理论、"三个代表"重要思想、科学发展观一道确立为党的行动指南，写入党章。这样，我们在推进中国人权事业发展的时候，包括在进行中国特色人权理论研究的时候，就有了适合新时代中国特色社会主义发展要求的行动指南。

第二，新时代的中国人权事业，是在深刻总结中国特色人权发展道路进程中自觉推进的人权事业。道路决定命运。在人权事业上也是如此。习近平主席为总结中国特色人权发展道路，倾注了大量心血，做出了重大贡献。他说："长期以来，中国坚持把人权的普遍性原则同中国实际相结合，不断推动经济社会发展，增进人民福祉，促进社会公平正义，加强人权法治保障，努力促进经济、社会、文化权利和公民、政治权利全面协调发展，显著提高了人民生存权、发展权的保障水平，走出了一条适合中国国情的人权发展道路。"[1]他还强调，这条"中国特色人权发展道路"始终坚持"以人民为中心"[2]，把"人民幸福生活作为最大的人权"[3]。

第三，新时代中国人权事业，是在解决新时代社会主要矛盾过程中不断满足人民日益增长的美好生活需要的人权事业。中国特色社会主义进入新时代，是因为我国社会主要矛盾转化为人民日益增长的美好生活需要和不平衡不充分的发展之间的矛盾，同时我国依然处在社会主义初级阶段，这一基本国情没有变。在这种情况下，党和国家的工作致力于解决的，是在继续推动发展的基础上，解决好发展不平衡不充分问题，大力提升发展质量和效益，更好满足人民在经济、政治、文化、社会、生态等方面日益增长的需要，更好推动人的全面发展、社会全面进步，与此相联系，中国人权事业也要与时俱进，在继续保障生存权发展权的同时，进一步关注和满足人民在民主、法治、公平、正义、安全、环境等方面的人权。党的十九大报告已经提出了这个问题。比如明确提出了"加强人权的法治保障"[4]，并在强调"全面依法治国是国家治理的一场深刻革命"的

---

[1]《人民日报》2015年9月17日。
[2]《人民日报》2016年12月5日。
[3]《人民日报》2018年12月11日。
[4] 习近平：《决胜全面建成小康社会　夺取新时代中国特色社会主义伟大胜利》，人民出版社2017年10月版，第37页。

时候，提出要"加强宪法实施和监督，推进合宪性审查工作，维护宪法权威。"①又比如在论述"打造共建共治共享的社会治理格局"时，明确提出要"保护人民人身权、财产权、人格权"②。也就是说，在中国特色社会主义新时代，我们的人权事业要求更高了，领域更宽了，我们研究新时代的人权问题，必须以"满足人民日益增长的美好生活需要"③为大坐标。

第四，新时代中国人权事业，是在决胜全面建成小康社会、开启全面建设社会主义现代化国家新征程中的人权事业。党的十九大报告指出，我们要在全面建成小康社会的基础上，再奋斗"两个15年"即"分两步走"，经过基本实现社会主义现代化阶段，到本世纪中叶把我国建成富强民主文明和谐美丽的社会主义现代化强国。党的十九大提出的新任务和"两步走"发展战略，为我们指出了中华民族光明灿烂的前景，描绘了中国人民美好生活的蓝图，制定了中国实现社会主义现代化的行动纲领。我们今天研究怎么样进一步"尊重和保障人权"，就要在中华民族迎来"强起来"的历史进程中，研究"决胜全面建成小康社会、开启全面建设社会主义现代化国家新征程"中的人权保障问题。

第五，新时代中国人权事业，是在和各国人民同心协力构建人类命运共同体历史进程中的人权事业。党的十九大报告指出："中国共产党是为中国人民谋幸福的政党，也是为人类进步事业而奋斗的政党。中国共产党始终把为人类作出新的更大的贡献作为自己的使命。"④中国共产党为人

---

① 习近平：《决胜全面建成小康社会　夺取新时代中国特色社会主义伟大胜利》，人民出版社2017年10月版，第38页。
② 习近平：《决胜全面建成小康社会　夺取新时代中国特色社会主义伟大胜利》，人民出版社2017年10月版，第49页。
③ 习近平：《决胜全面建成小康社会　夺取新时代中国特色社会主义伟大胜利》，人民出版社2017年10月版，第11页。
④ 习近平：《决胜全面建成小康社会　夺取新时代中国特色社会主义伟大胜利》，人民出版社2017年10月版，第57–58页。

类做贡献，原来主要是通过我们办好中国的事情，通过我们的发展、减贫等，为世界做贡献，现在我们还要进一步通过参与国际事务和全球治理，为世界做贡献。今天的世界出现了许多不确定性，针对"世界怎么了，我们怎么办"的困惑，习近平主席2017年1月17日和18日分别在达沃斯世界经济论坛和联合国日内瓦总部发表了两个举世瞩目的演讲，提出了"构建人类命运共同体，实现共赢共享"的"中国方案"。[①]就是在这样的背景下，中国人权事业同世界人权事业的联系更加紧密，中国在人权事业中获得的进步也格外受到国际社会的关注。

历史的结论：没有中国共产党的领导就没有中国人权事业的发展和进步

综上所述，中国人"站起来"是中国人权事业的第一次飞跃，"富起来"是中国人权事业的第二次飞跃，"强起来"必将实现中国人权事业新的伟大飞跃。从中国人权事业这三次伟大的飞跃中，我们可以获得一个重要的结论：没有中国共产党的领导，就没有中国人权事业的发展和进步。

新中国成立以来，中国的人权事业一步一步地从思想上的原则、纲领上的要求变为活生生的制度现实和社会现实，取得了一步一个脚印的历史性进步。我们并不否认在过去70年中，中国在经济社会发展包括人权事业发展中犯过这样那样的错误，但是考察70年中国人权事业发展的轨迹，不能只是盯住我们犯过的错误，而是要看大趋势，要看我们是朝前走了还是往后退了。历史事实是，我们不仅朝前走了，而且迈出了历史性的三大步，取得了历史性的进步。

这是因为，中国共产党的领导是中国人权事业大解放大飞跃的根本保障。中国人权事业发展的历史，不仅证明了中国共产党为尊重和保障中

[①]《习近平谈治国理政》（第二卷），外文出版社2017年11月版，第539页。

国人民的人权做出了巨大的贡献,而且证明了中国人权的实现和中国共产党的正确领导是分不开的。即使我们在人权问题上出现的失误,也是在中国共产党的领导下由我们自己纠正的。可以这样说,中国共产党的领导同"尊重和保障人权"的原则相统一,这是总结中国70年人权事业发展最根本的经验。

七

不同社会制度的国家更要增进战略互信

"一花独放不是春，万紫千红春满园。"具有不同历史文化和社会制度的国家，都应该是"百花园"中的鲜花，在阳光下共同盛开，造福世界人民。大国之间会有各种各样的矛盾，但国大共同利益也大，聪明的政治家应该扩大而不是收窄国家间的共同利益。在共同利益基础上形成命运共同体，才能给本国人民带来福祉。

在共同利益基础上建立中美战略互信①

中美贸易战开打以来,股市跌跌涨涨,证明了一个道理:"合则两利,斗则俱伤。"现在,到了需要冷静地思考中美两国关系的时候了。我们应该在共同利益基础上,建立中美战略互信。围绕这个主题,我想讨论两点问题,提一点希望。

第一个问题,中国的现代化战略和"美国优先"战略是根本对立的吗?我的看法是:不是。

从奥巴马提出"美国决不做老二",到特朗普实施"美国优先"战略,反映了美国的焦虑,是要维护美国的国家利益。这是可以理解的。问题是,美国把中国在党的十九大制定的现代化战略看作对美国的威胁。这是没有根据的,是重大的战略误判。

按照美国的国家利益报告,美国的国家利益包括"对美国生死攸关的利益""对美国极端重要的利益""对美国重要的利益"。中国的现代化战略并没有构成对美国生死攸关利益的威胁,也没有构成对美国极端重要的利益的威胁,甚至没有构成对美国重要利益的威胁。中国没有任何用大规模杀伤性武器袭击美国、和美国在全球争夺霸权、鼓励美国国内动乱、搞垮美国经济的计划;中国也没有鼓励和支持核武器、生化武器扩散的计划。不要说计划,连一点点念头都没有。因为,中国的现代化只是要

---

① 本文是作者2019年9月16日在中国人民外交学会于北京钓鱼台举行的"中美知名人士"论坛上的发言。

改变自己落后的经济社会面貌，不是要和任何国家争夺霸权，而且中国不是通过对外扩张、侵略和掠夺来实现本国的现代化。中国人口世界第一，经济总量会越来越接近美国，这是毫无疑问的，但中国经济的人均水平特别是经济质量和美国的差距不是一点二点。中国提出"和平发展道路"和"人类命运共同体"两大主张，就是要告诉美国和世界：即使中国强大起来也会和世界各国和平相处。也就是说，中国的现代化战略不会对美国构成威胁。

客观地讲，在中国实现现代化的进程中，会在许多方面和美国发生竞争。但是，这种竞争一是和平型竞争，二是互补型竞争。也就是说，这种竞争不是对抗性的，更不是你死我活的，而是和平而又互补的。中国的现代化战略，和美国的长期战略以及今天实施的"美国优先"战略是互补的。比如"美国优先"战略要把美国的制造业搞上去，把美国的就业率搞上去，于是就会带来一个问题，你把制造业搞上去后，难道单单是要满足国内需要吗？你的市场在哪里？最大的市场不就在中国吗？而且，只有现代化的中国才能形成现代化的大市场，为世界经济发展做出大贡献。

第二个问题，中国和美国有没有利益交汇点或共同利益？我的看法是：有的。

中国和美国由于历史文化不同、社会制度不同以及其他种种不同，加上中国改革开放以来快速发展是美国没有想到的，两国之间存在这样那样的矛盾和问题，出现这样那样的猜忌和怀疑，都是正常的。

对于中美两个大国来讲，更为重要的是，双方存在着大量的利益交汇点，有着许多关系到两国生死攸关的共同利益、极端重要的共同利益和重要的共同利益。前面说到的和平而又互补的现代化战略，就是利益交汇点。中美两国在经济领域存在着多方面多层次的共同利益。除此之外，中美之间还有三个利益交汇点或共同利益。或者说，中美之间还有三块重要的共同利益基石。

一是反恐。记得"9·11"发生前，美国红队和蓝队围绕中美关系的争论非常激烈，雷德大使邀请我去参加辩论。我还没有出发，"9·11"就发生了。我作为"9·11"后第一个访美代表团的领队，看到美国红队和蓝队的辩论基本上一边倒，绝大多数美国专家的共识是：反恐是两国关系新的基石。当时，我还应邀参观了美国的反恐指挥部。现在，对于美国生死攸关的反恐问题是不是已经过去了？如果认为这个问题已经解决了，中国这个朋友可以不要了，美国将犯战略性的错误。反恐斗争还是两国关系的一块基石。

除了反恐，还有第二块基石：核军控。在核武器、生化武器扩散问题上，中美之间有着共同的利益和立场。

第三块基石，是太空安全。这是一个新问题，但对于中美两国、对于世界来说，都是生死攸关的问题。现在，世界上已经有四个全球导航卫星系统：美国的GPS、欧洲的伽利略、俄国的格洛纳斯、中国的北斗。地球上各个国家的信息化和人工智能的发展，都离不开全球导航卫星系统。全球导航卫星系统的安全，不仅关系到发展，还关系到世界的和平和战争。如何确保太空安全，已经成为世界各个大国包括中美两国维护世界和平和安全必须考虑的重大问题。

我们前面已经讨论过，中国和美国在发展战略上并不是根本对立的，中国和美国可以形成和平而又互补的竞争关系。这里，我们进一步讨论了中美两国之间除了在经济上有着多方面多层次的利益交汇点，还有反恐、核军控、太空安全这三块需要加强战略合作的基石。其实，还有全球气候、疫病防治等多块基石。不在这里一一讲了。

我讲这两点基本看法，是希望在这样的共同利益基础上建立起中美战略互信，解决好今天两国之间发生的问题。如果有人不顾两国的共同利益，不建立两国战略互信，一味遏制中国的发展，那么，我们可以告诉有这样想法的人，中国是遏制不了的，任何力量也压不垮中国、拖不住中国现代化的后腿。

中国奇迹和中加关系[①]

2020年是中加建交50周年。"50周年"这个数字,应该讲,来之不易,弥足珍贵,不要轻易把它伤害了,更不要为了别的国家的利益而损害了中加关系。

对于中国人来讲,长期以来对加拿大是有相当好感的。白求恩医生为了中国的抗日战争牺牲在中国,这个故事在中国家喻户晓。今年中国颁发国家友谊勋章,获此荣誉的就有104岁的加拿大专家伊莎白·柯鲁克(她是1915年12月在成都出生的)。中国许多人都喜欢去温哥华、多伦多旅游和生活。

在众多喜欢加拿大的人中,就包括了孟晚舟女士。中国人想不到你们会抓一个喜欢你们国家而又没有在你们国家有任何违法行为的成功女士。你们在中国人心目中的形象,一下子崩溃了。这样的结果,是不是你们满意的?值吗?

民心大于天。我们应该一起来做一些对中加老百姓有益,为大家满意的事,而不是相反。

我们知道,发生这样的事情,和美国对中国的打压有关。任何人都不

[①] 本文是作者2019年11月4日在中国人民外交学会于四川都江堰举行的"中加二轨"对话第四次会议上的发言。

要以为美国可以压垮中国。如果有这样的想法,那就是严重的战略误判。

首先,中国有应对打压的坚实基础。70年前的中国,5.4亿人口,GDP总量123亿美元,人均23美元。70年后的中国(2018年数据),13.9亿人口,GDP总量13.6万亿美元,人均9630美元。经过70年发展,中国尽管人均水平还比较低,但经济总量之大尤其是增长速度之快引人注目。这是我们基本的实力。不仅如此,经过70年努力,今天的中国已经形成拥有39个大类、191个中类、525个小类的工业体系,是世界上唯一拥有完整的工业体系和产业链的国家。中国的贸易伙伴有230多个,"一带一路"倡议提出来后我国和沿线国家的贸易关系更加紧密。今天,经过近几年经济发展方式转变,中国经济已经从以投资、出口拉动为主转到以消费拉动为主,对外依存度已经大大减少。特别是,中国有一个拥有13亿多人口包括近4亿中等收入群体的大市场。贸易战绝对打不垮中国。

其次,中国有克服短板的基础条件。在实现现代化的道路上,我们还有许多要解决的突出问题,一要突破那些"卡脖子"的技术;二要解决好中高端科技发展中还存在的"缺芯少基"问题。但是,中国现在已经拥有近4000万工程师队伍,每年还有几百万大学毕业生和海归留学生充实这支"希望之星"队伍;中国的专利申请量已经连续5年全球排名第一;2019年中国研发支出可望占GDP比重2.5%。只要看一看近几年我们在信息化、数字化、人工智能上的突飞猛进,就可以知道我们的后劲。

再次,中国有自己的制度优势和特殊战斗力。我们的突出问题是发展不平衡,经济总量大但人均水平低,制造业总量大但多数尚处于中低端,要应对高端竞争确实有难度。但是,我们具有集中力量办大事的制度优势,以及善于打持久战和攻坚战的能力。特别是中国人不仅聪明、勤奋,还有爱国心,每当国家和民族遇到困难的时候,都会更加奋发图强。

也就是说,中国人是有能力对付美国打压的。况且,美国也在反思怎么和快速崛起的中国相处。处在中美之间的加拿大,是有难处,但不能在这个问题上做出战略误判。

世界上有一种舆论，认为中国实行的不是民主制度。这是对中国的最大误读。

今年是新中国成立70周年。70年来，中国不仅创造了世所罕见的经济发展奇迹，还创造了少有的政治稳定奇迹。这两大奇迹，不是谁恩赐的，是勤劳聪明的中国人民创造的，是中国人民在具有强大生命力和显著优越性的中国制度和治理体系下创造的。中共中央刚刚举行了十九届四中全会，对于从现在到2050年，在完善和发展中国特色社会主义制度中推进国家治理体系和治理能力现代化做了全面部署。

前几年，我在成都的一个乡镇，做过一个基层民主制度的调研。这里的民主实行的是中国特色的协商民主。他们建立了两级协商机制：一级是村（居）民议事会；一级是镇协商会。

村（居）民议事会成员由村民中推举产生。每5~15户产生一名村（居）民代表，再以村（社区）为单位，每个村（居）民小组产生2~4人，组成村（居）民议事会成员。成员总数不少于21人，而且干部不能超过50%。

镇协商会成员，是按照每个村1~3人的名额，在村（居）民议事会成员中协商产生。成员总数为20~60人，其中镇机关干部不超过2人，村（社区）干部不超过25%。

村一级议事会，每月20日开始收集群众关心的议题，25日开会协商。镇一级协商会，每半年至少开一次。

也就是说，这里的协商民主已经机制化。我们来调研时，他们正在举行2015年第一次协商会。会场上的标语很吸引人："重大问题让群众知晓，重大事项经群众协商，重大决定经协商决定。"

这次会议的议题有两个。一个是，这里80%的群众已经入住了集中居住小区，但还有1000余户居民分散居住在偏僻院落和丘陵山区，生活条件较差，他们强烈要求改善居住条件；另一个是，这里的乡村旅游发展态势良好，景区群众2014年人均收入比上年增加2000元，但是在景区外的村民增加收入缺乏路子，他们希望实现景区和非景区经济共同发展，也能够依托乡村旅游产业增加收入。

在通报会议议题时，我们也了解到在会前已经将议题公示，要求各位镇协商会成员进行调研。

议题通报后，就开始分五个小组协商这两个议题。会议气氛非常活跃，大家争先恐后发言。没有人愿意放弃自己的民主协商权利。分组协商结束后，村民们各就各位，聚精会神地听取各个小组的汇报。结果是：第一个议题经过协商，各个组有7条议题共识；第二个议题经过协商，各个小组有6条议题共识。然后，参加协商会的成员对这两个议题协商后提出的建议进行表决：第一个议题，51票同意，2票不同意；第二个议题，52票同意，1票不同意。我们注意到，他们把分组讨论汇总的意见和经过表决的结果，叫作"议题共识"，并在会上决定把这个"议题共识"提交给镇党委和镇政府研究解决。因为，我们规定在决策前必须进行协商，协商的共识是镇党委和镇政府进行决策的前提。

也就是说，和加拿大一样，民主也是我们的重要价值观。但是，我们的民主实现形式有自己的特点。简单地说，我们实行的民主有两种形式：选举民主和协商民主。选举民主，解决的是领导人怎么由人民或人民代表选出来的问题；协商民主，解决的是领导人在决策之前和决策之中怎么充分听取人民群众意见的问题。这两种民主形式结合起来，就是全程的民主。这在世界上是独一无二的。习近平总书记说过："人民只有投票的权利而没有广泛参与的权利，人民只有在投票时被唤醒、投票后就进入休眠期，这样的民主是形式主义的。"[①]

我们认为，评价一个国家的制度是不是民主的、有效的，一要看国家领导层能否依法有序更替；二要看全体人民能否依法管理国家事务和社会事务、管理经济和文化事业；三要看人民群众能否畅通表达利益要求；四

---

① 《习近平谈治国理政》（第二卷），外文出版社2017年11月版，第293页。

要看社会各方面能否有效参与国家政治生活；五要看国家决策能否实现科学化、民主化；六要看各方面人才能否通过公平竞争进入国家领导和管理体系；七要看执政党能否依照宪法法律规定实现对国家事务的领导；八要看权力运用能否得到有效制约和监督。这"八个能否"，简而言之，就是一句话：评价制度好坏不是看模式而是看实效。

根据这"八个能否"来评价我们的制度和治理体系，应该讲，我们的体制、机制、程序、规范以及具体运行上还存在不完善的地方，在保障人民民主权利方面也还有一些不足。但是，总的来讲，中国特色社会主义制度和治理体系属于"民主制度"的范畴，而且已经显示出了强大生命力和显著优越性。在讨论中加关系的时候，我希望大家注意这一点。

我的结论是：中加关系没有倒退的理由，应该让罩在中加关系上的乌云尽快散去。

加强人文交流 增进中澳互信[①]

澳大利亚经济发达、文化繁荣、风景优美、气候宜人,历来是中国青年喜欢来求学和发展的地方。你如果到中国的大学、中学去问一问年轻的学生,如果出去留学,你喜欢到哪个国家去?他们的回答相当集中,不是美国就是加拿大,不是英国就是澳大利亚。我们在这里讨论两国的人文交流,首先要了解中国人对澳大利亚的基本看法。

华人来澳已经有200多年历史,据说澳大利亚的华人已经超过120万人。现在每年有140万游客和20多万留学生到这里来。中澳双方这几年举行的旅游文化节等,都受到两国人民欢迎和好评。可以说,中国和澳大利亚经贸合作之所以能够取得可喜的进展,人文交流和民心沟通在其中发挥了重要的纽带作用。

与此同时,我们注意到,近年来中澳之间在政治互信等问题上也发生了一系列令人不愉快的事件。比如,澳大利亚新南威尔士州孔子学院项目,本来是由新南威尔士州教育部主动提出申请,和中国江苏省教育厅于2012年合作成立的,做的汉语教育工作为增进两国人民相互了解发挥重要作用。但在事先没有与中方沟通的情况下,新南威尔士州就宣布停办该项目。又比如,一个诈骗犯(王立强)跑到这里,凭着漏洞百出的说辞宣称自己是中国间谍,居然就能够得到信任,让人感到匪夷所思。

[①] 本文是作者2020年1月20日在中国人民外交学会于澳大利亚悉尼举行的"中澳高级别"对话第六次会议上的发言。

这就提出了一个问题，怎么样加强人文交流，增进中澳互信，而不开倒车，认真落实好两国元首关于"建立全面战略伙伴关系"的共识。这应该是我们认真加以考虑的一个大问题。

我们都知道，人与人之间在生活中难免会发生误解。中国古代有一则寓言，叫"疑人偷斧"。这个寓言说的是：从前有一个人遗失了一把斧头，他怀疑被邻居的小孩偷走了。于是，他就暗中观察小孩的行动，不论是言语与动作，或是神态与举止，怎么看，都觉得小孩是像偷斧头的人。隔了几天，他在后山找到了遗失的斧头，原来是自己弄丢了。之后，他再去观察邻居的小孩，再怎么看也不像是会偷斧头的人。

这几年，你们的媒体经常在操作中国留学生"渗透论""间谍论"，和那个"疑人偷斧"的人太相像了。

为什么会发生这样的事？

当代杰出的新管理大师、学习型组织理论提出者、美国麻省理工大学斯隆管理学院资深教授彼得·圣吉（Peter M.Senge），在他的著作《第五项修炼》第10章"心智模式"中，讲述了"疑人偷斧"这个故事后指出：这是因为，人们观察和思考问题都有自己的心智模式（Improving Mental Models），心智模式影响我们所"看见"的事物。两个具有不同心智模式的人观察相同的事件，会有不同的描述，因为他们看到的重点不同。譬如你和我一起去参加一个热闹的宴会，我们的视觉所收到的基本资料都相同，但是我们所留意的面孔却不尽相同。正如心理学家所说的，我们做了选择性的观察。即使在理论上应该是最"客观"的科学家，也无法绝对客观地观察这个世界。我们所想的往往都是假设而不是真相。

彼得·圣吉说，心智模式的问题不在于它的对或错，而在于不了解它是一种简化了的假设，以及它常隐藏在人们的心中不易被察觉与检视。解决的办法，就是加强学习和交流，超越自我，改善偏执的心智模式。

彼得·圣吉的观点，对于我们今天加强人文交流、增进中澳战略互信应该是有启发的。除了那些准备带着花岗岩头脑去见上帝的人，只要他肯学习肯交流都是可以改善心智模式，可以从人为造成误解的"洞穴"中走出来。

当然，我们知道，由于各个国家的文化传统不一样，要避免误解对方的观点和做法是很不容易的。办法只有一个：双方都以谦虚的包容的态度，去了解和学习对方的文化传统，努力找到大家可以接受的观点。

我举一个例子。

1946年6月联合国成立人权委员会起草《世界人权宣言》时，在讨论第一条条文时就发生很大分歧。由于参加起草的人宗教信仰各不相同，有的信仰基督教，有的信仰伊斯兰教，他们按照自己的信仰主张把"上帝""造物主"等作为人权来源写进去，这就难以形成共识。中国参加起草工作的张彭春教授在发言中说，中国人口占世界很大一部分，而且有自己的文化特别是伦理道德，但我们没有要求把自己的主张写进去，希望各国代表都能够表现出平等的态度，撤回原来的提议。他同时提出，欧洲的启蒙思想强调"理性"（reason），中国文化强调"良心"（conscience），这两者可以互补，大家感到有道理。最后形成的《世界人权宣言》第一条条文是："人人生而自由，在尊严和权利上一律平等。他们赋有理性和良心，并应以兄弟关系的精神相对待。"

中国和澳大利亚多年的人文交流告诉我们，我们两国的文化尽管在许多方面有很大的不同，但在和平、发展、自由、平等、民主、正义等基本价值观上是完全一致的。至于澳大利亚更强调人的个性，中国更强调人的集体主义精神，这是历史形成的。事实上，中国人在强调集体主义精神时，并不排斥个人的作用，而是强调要正确处理好个人、集体、国家这三者关系。我们历来主张，不同文明应该交流互鉴，应该相互尊重、相互包容，而不要制造所谓"文明的冲突"。

现在，问题的复杂性是中国和澳大利亚的人文交流，往往受到复杂的国际关系的影响和干扰。最近这两年中澳关系的起起伏伏，整个都受到中美关系变动的影响。所谓中国留学生"渗透论""间谍论"的根源，恐怕就在这里。

我们认为，中澳都是主权国家，不应该被别的国家牵着鼻子走。在"一带一路"等问题上，澳大利亚总是在坚持自己的原则。而且，中美贸易战也在向缓和的方向发展，不应该进一步左右我们两国的友好关系。在人文交流问题上，更可以从两国人民的根本利益和两个国家长远发展的大局出发，在已经取得成果的基础上更上一层楼。

记得2017年中澳建交45周年时，澳大利亚驻华大使曾经推出一个题为《45周年，45个故事》项目，还宣布开展澳中友谊故事大赛——《超级想你澳大利亚》。我们现在也可以考虑设计一个推进中澳人文交流的项目，比如《走进中国，走进澳大利亚》，让双方人民走进对方的心灵，增进友谊的情感。

总之，我们在人文交流方面，要多做有益于两国人民的好事，而少做或不做不利于两国人民交往的事情。

八

在推进"生命共同体""人类卫生健康共同体"建设中构建人类命运共同体

"宇宙只有一个地球,人类共有一个家园。""到目前为止,地球是人类唯一赖以生存的家园,珍爱和呵护地球是人类的唯一选择。"这是中国国家主席习近平在联合国日内瓦总部演讲提出"构建人类命运共同体,实现共赢共享"的"中国方案"时,阐述的一个许多人常常会忘记的事实。我们不能让战争毁灭地球和人类,也不能在破坏生态环境和危及人类卫生健康的愚昧行为中毁灭地球和人类。构建人类命运共同体必须建设好"生命共同体""人类卫生健康共同体"。

习近平生态文明思想是建设美丽中国的行动指南[①]

感谢主办方邀请我出席今天在这里举办的"2019北京世园会'一花一园一城'系列国家宣传片发布仪式暨'两山理论的世界意义'对话会"。借此机会,我和大家一起重温一下习近平主席在世园会开幕式上的重要讲话,并以"习近平生态文明思想是建设美丽中国的行动指南"为主题,做一个发言。

(一)北京世园会是习近平生态文明思想最好的阐释和展示

我们都知道,习近平总书记不仅在工作部署上十分重视生态文明建设,而且在实践中形成了系统的新时代生态文明思想。习近平生态文明思想是习近平新时代中国特色社会主义思想的重要组成部分。北京世园会可以说是这一思想最好的也是最生动的阐释和展示。

首先,北京世园会的主题体现了习近平总书记以人民为中心的绿色发展新理念。在北京世园会开幕式上的重要讲话中,习近平主席说:"我希望,这片园区所阐释的绿色发展理念能传导至世界各个角落。"北京世园会的主题是"绿色生活,美丽家园"。强调"生活""家园",意在关心人民,服务人民,坚持以人民为中心;强调"绿色""美丽",旨在倡导

[①] 本文是作者2019年6月19日在"2019北京世园会'一花一园一城'系列国家宣传片发布仪式暨'两山理论的世界意义'对话会"上的演讲。

人们尊重自然、融入自然、追求美好生活。习近平总书记强调，发展要践行以人民为中心的思想，坚持创新、协调、绿色、开放、共享的新理念。"绿色"在习近平总书记的发展思想中，不仅是一个约束性理念，而且是一个开拓性理念。他说过："绿色循环低碳发展，是当今时代科技革命和产业变革的方向，是最有前途的发展领域，我国在这方面的潜力相当大，可以形成很多新的经济增长点。"①因此，节约资源和保护环境，不是一般性的工作，而是我们的"基本国策"。

更为重要的是，习近平主席在北京世园会开幕式上的重要讲话精辟地阐述了当代中国共产党人开辟社会主义生态文明新时代的基本思想。"努力走向社会主义生态文明新时代"是习近平总书记十八大以来提出的宏大任务。在北京世园会开幕式上的重要讲话中，他进一步指出："现在，生态文明建设已经纳入中国国家发展总体布局，建设美丽中国已经成为中国人民心向往之的奋斗目标。中国生态文明建设进入了快车道，天更蓝、山更绿、水更清将不断展现在世人面前。"为了开辟社会主义生态文明新时代，他在讲话中提出了"五个追求"：一是追求人与自然和谐；二是追求绿色发展繁荣；三是追求热爱自然情怀；四是追求科学治理精神；五是追求携手合作应对。这"五个追求"，鲜明而又生动地阐明了当代中国共产党人新"天人合一"的宇宙观、"绿水青山就是金山银山"的发展观、"天文"和"人文"相统一的文化观、合乎规律的生态治理观，以及以"构建人类命运共同体"为核心的国际合作观。这篇重要讲话，可以说是集中反映习近平生态文明思想的又一篇重要代表作。

（二）习近平生态文明思想是马克思主义中国化的重要成果

作为习近平新时代中国特色社会主义思想的重要组成部分，习近平生态文明思想是"站起来"的中华民族在"富起来"基础上，走向"强起

---

① 《习近平谈治国理政》（第二卷），外文出版社2017年11月版，第198页。

来"的重大战略思想。

我们注意到，习近平总书记对生态环境工作历来看得很重。他在梁家河担任大队党支部书记的时候，就到四川学习沼气技术，带领群众修建沼气池，不仅解决了农民的电灯、做饭等问题，也为保护山林做出了贡献。他后来在正定、厦门、宁德、福建、浙江、上海等地工作期间，始终把生态环境保护作为一项重大工作来抓。"绿水青山就是金山银山"就是他在浙江工作时在湖州安吉提出的。党的十八大以来，他分别就严重破坏生态环境事件以及长江经济带"共抓大保护、不搞大开发"做出指示批示，党的十九大以来又对秦岭违规建造的别墅群做了一次又一次严厉批示，要求严肃查处，扭住不放，一抓到底，不彻底解决绝不松手，确保绿水青山常在、各类自然生态系统安全稳定。

习近平生态文明思想首先是马克思主义关于人与自然关系的思想和当代中国实际相结合的产物。2018年5月4日，在纪念马克思诞辰200周年大会上，习近平总书记特别强调，学习马克思要学习和实践马克思主义关于人与自然关系的思想。马克思、恩格斯认为，"人靠自然界生活"，人类在同自然的互动中生产、生活、发展，人类善待自然，自然也会馈赠人类，但"如果说人靠科学和创造性天才征服了自然力，那么自然力也对人进行报复"。他还多次引用恩格斯在《自然辩证法》中关于美索不达米亚、希腊、小亚细亚以及其他各地的居民，为了得到耕地而毁灭了森林，结果做梦也想不到，这些地方竟因此而成为不毛之地的教训，告诫全党要以对人民群众、对子孙后代高度负责的态度和责任来保护生态环境。

习近平生态文明思想同时是中国共产党自新中国成立以来特别是改革开放以来的历史经验，特别是历届党中央提出的关于根治大江大河、绿化中国、节约资源、保护环境、可持续发展、人与自然和谐相处等思想的继承和发展。与此同时，习近平总书记实事求是地指出，现在，我们已到了必须加大生态环境保护力度的时候了，也到了有能力做好这件事情的时候了。一方面，多年快速发展积累的生态环境问题已经十分突出，不仅影响经济社会可持续发展,而且对人民群众健康的影响已经成为一个突出的民生问题;另一方面,今天我们已经具备解决好这个问题的条件和能力了,过去为了多生产粮食不得不毁林毁草填湖造田,现在温饱问题稳定解决了,保护生态环境就应该而且必须成为发展的题中应有之义。

习近平生态文明思想也是中华优秀传统文化的弘扬和发展。中华民族向来尊重自然、热爱自然,绵延5000多年的中华文明孕育着丰富的生态文化。《易经》中说,"观乎天文,以察时变;观乎人文,以化成天下"。《老子》中说:"人法地,地法天,天法道,道法自然。"《齐民要术》中有"顺天时,量地利,则用力少而成功多"的记述。这些著述表达了我们的先人对处理人与自然关系的重要认识,强调要把天地人统一起来、把自然生态同人类文明联系起来,按照大自然规律活动,取之有时,用之有度。习近平总书记对这些历史经验不仅十分熟悉,而且高度重视,他还说过,我国古代很早就把关于自然生态的观念上升为国家管理制度,专门设立掌管山林川泽的机构,制定政策法令,这就是虞衡制度。为此,他要求我们认真总结研究。

因此,习近平生态文明思想是马克思主义中国化的重要成果,是我们开辟社会主义生态文明新时代,建设美丽中国,实现中华民族伟大复兴的中国梦的行动指南,也是21世纪马克思主义的一大亮点。

(三)习近平生态文明思想的丰富内涵及其贡献

习近平生态文明思想源自当代中国现代化的实践,又在当代中国现代化实践中不断丰富、充实和发展,是中国共产党人对人类文明的重大贡献。

首先,习近平生态文明思想提出了"生命共同体"这一重要思想理念。习近平总书记深刻地指出,山水林田湖草是一个生命共同体。人的命脉在田,田的命脉在山,山的命脉在土,土的命脉在林和草,这个生命共同体是人类生存发展的物质基础。也就是说,生态是统一的自然系统,是相互依存、紧密联系的有机链条,要把它们作为一个整体、一个系统来把握。与此同时,习近平总书记指出:"自然是生命之母,人与自然是生命共同体,人类必须敬畏自然、尊重自然、顺应自然、保护自然。"①也就是说,"生命共同体"有两个层次,大自然是一个生命共同体,人与自然又是一个生命共同体,这是一个更高层次的生命共同体。可以说,"生命共同体"思想理念,是习近平生态文明思想的基石。我们只有深刻认识了这两个层次的"生命共同体",才能真正懂得习近平生态文明思想的科学价值及其对我国生态文明建设的意义以及对人类文明的贡献。

其次,习近平生态文明思想强调要正确认识和处理好经济发展同生态环境保护的关系。改革开放以来,我们已经确立了"以经济建设为中心""根本任务是发展生产力""发展才是硬道理"等科学理念,而且深入人心。当我们今天强调要抓生态文明建设,在处罚甚至关停一些污染比较大的企业的时候,有人对经济与环保的关系发生了困惑。其实,这个问题不是现在才发生的。长期以来,我们在这个问题上一直有三种思路、三个公式:一是"只要有金山银山,可以牺牲绿水青山";二是"先致富,后治污";三是"绿水青山就是金山银山"。我们知道,这里的第三个公式是习近平总书记提出的。2013年5月24日,在中央政治局集体学习时,习近平总书记提出"要正确处理好经济发展同生态环境保护的关系"这一深刻的问题,指出要牢固树立"保护生态环境就是保护生产力、改善生态环境就是发展生产力"的理念。也就是说,我们不能把经济与环保机械地对立起来,而要更加自觉地推动绿色发展、循环发展、低碳发展,决不以牺牲环境为代价去换取一时的经济增长。

第三,习近平生态文明思想强调推动形成绿色发展方式和生活方式是发展观的一场深刻革命。之所以强调这是"深刻革命",不仅在于这件事的重要性,而且在于做好这件事的艰巨性、紧迫性和复杂性。推动形成

---

① 习近平:《在纪念马克思诞辰200周年大会上的讲话》,《人民日报》2018年5月5日。

绿色发展方式和生活方式，必定会触及许多传统的思想观念和民间习俗，触及一些人的既得利益，必须进一步解放思想，转变观念，破除陈习。推动形成绿色发展方式和生活方式，同时也必定会触及许多已经不合时宜的制度和法律，触及形式主义、官僚主义等积弊，必须进一步加大改革的力度。因此，推动形成绿色发展方式和生活方式，必定是一个全面深化改革和全面加强法治的过程。习近平总书记说："只有实行最严格的制度、最严密的法治，才能为生态文明建设提供可靠保障。"①

第四，习近平生态文明思想强调要尊重三大规律，创造三大效益。这是习近平总书记在重庆论述长江经济带"共抓大保护、不搞大开发"的时候提出的。所谓尊重三大规律，就是要尊重自然规律、经济规律和社会规律；所谓创造三大效益，就是要使绿水青山产生巨大的生态效益、经济效益和社会效益。我们学习和领会习近平生态文明思想，归根到底，就是要尊重绿色发展规律，并使之同尊重经济规律、社会规律辩证地统一起来，学会在尊重这三大规律的同时，坚持生态优先、绿色发展的战略定位，探索绿色发展途径，创造绿色发展的生态效益、经济效益和社会效益。

综上所述，习近平生态文明思想作为马克思主义中国化的最新成果，也是21世纪中国共产党人对人类文明的最新贡献。在北京世园会学习和讨论这一重要思想，格外有意义。

---

① 《习近平谈治国理政》（第一卷），外文出版社2018年1月版，第210页。

深刻认识疫情防控这次大考[①]

当今世界正经历百年未有之大变局，我国正处于中华民族伟大复兴的关键时期，我们党正带领人民进行具有许多新的历史特点的伟大斗争。在这样一个大发展大变革大调整时期，来势汹汹的新冠肺炎疫情，不仅严重威胁各国人民的生命安全和身体健康，而且对全球生产和需求造成全面冲击，影响经济全球化进程。大疫带来大考，大考推动大变局。这次大考，考出了我国国家制度和国家治理体系的强大生命力，考出了构建人类命运共同体才是人间正道，也让我们对如何应对百年未有之大变局有了更深认识。

（一）我国国家制度和国家治理体系经受住了大考

这次疫情是一次大考。习近平总书记指出："这次新冠肺炎疫情来势汹汹，对各国都是一次大考。""这次新冠肺炎疫情防控，是对治理体系和治理能力的一次大考"。疫情带来的危机，威胁着人民生命安全和身体健康，严重影响经济社会发展，考验着国家制度和国家治理体系。

面对来势汹汹的新冠肺炎疫情，在没有研制出疫苗的情况下，只有动员全社会的力量才能遏制疫情蔓延。这场大考，显然早已超出狭义的"医疗卫生"范畴，而是对国家制度和国家治理体系的大考。面对疫情，我国及时制定疫情防控战略策略，提出坚定信心、同舟共济、科学防治、精准

[①] 本文发表于2020年4月23日的《人民日报》。

施策的总要求,加强对武汉和湖北防疫的统一指挥,统筹抓好其他地区防控工作,加强医用物资和生活必需品应急保供,加强宣传教育和舆论引导,加强同国际社会合作。当前,我国疫情防控阶段性成效进一步巩固,复工复产取得重要进展,经济社会运行秩序加快恢复。实践证明,我国国家制度和国家治理体系在这次疫情大考中经受住了严峻考验。

面对新冠肺炎疫情这样的大考,国家制度和国家治理体系是否具有强大生命力,关键要看其对人民群众的动员能力、组织能力。在抗击疫情中,我们深刻感受到全国人民万众一心、众志成城。各级党组织和广大党员、干部冲锋在前、顽强拼搏,广大医务工作者义无反顾、日夜奋战,人民解放军指战员闻令而动、敢打硬仗,广大人民群众众志成城、守望相助,广大公安民警、疾控工作人员、社区工作人员等坚守岗位、日夜值守,广大新闻工作者不畏艰险、深入一线,广大志愿者等真诚奉献、不辞辛劳。在遭遇重大风险挑战的时候,14亿多中国人民在抗击疫情中展现的万众一心、众志成城,就是我国国家制度和国家治理体系强大生命力、强大治理效能最直接、最生动的体现。

中国人民在抗击疫情中之所以能万众一心、众志成城,是因为我国国家制度和国家治理体系始终着眼于实现好、维护好、发展好最广大人民根本利益,具有坚定的人民性,这在抗击疫情中得到充分体现。在抗击疫情一开始,习近平总书记就要求"各级党委和政府及有关部门把人民群众生命安全和身体健康放在第一位"[①]。提出集中患者、集中专家、集中资源、集中救治的救治要求,坚决做到应收尽收、应治尽治,把提高收治率和治愈率、降低感染率和病亡率作为突出任务来抓,党和政府在抗击疫情中采取的一切措施,都体现了把人民群众生命安全和身体健康放在第一位的要求。凡事以人民为重,坚持以人民为中心,是党和政府应对这次疫情大考的根本原则,也体现了我国国家制度和国家治理体系的本质属性。

---

① 习近平:《在中央政治局常委会会议研究应对新型冠状病毒肺炎疫情工作时的讲话》,《求是》杂志2020年第4期。

中国共产党是十分清醒的马克思主义政党，这种清醒不仅体现在制度自信上，而且体现在对不断完善和发展制度的深刻思考上。在这次抗击疫情斗争中，我们党同样保持这样的清醒，既看到我国国家制度和国家治理体系的强大生命力，也注意到了它还需要在实践中进一步完善和发展。习近平总书记指出："这次疫情是对我国治理体系和能力的一次大考，我们一定要总结经验、吸取教训。"① 这就是中国共产党人难能可贵的清醒，这样的清醒必然使我国国家制度和国家治理体系在经历这次疫情大考之后，彰显更加强大的生命力。

（二）大考彰显构建人类命运共同体是人间正道

这次疫情大考，促使人们进一步思考另一道大题目：世界怎么了，我们怎么办？这是一个关系国际关系、国际秩序以及全球治理，关系人类前途与命运的大问题。

这个问题世界各国都十分关注，近年来更成为全球关注的一个焦点。人们至今还记得，2017年1月17日和18日，习近平主席接连两天在世界经济论坛和联合国日内瓦总部发表重要演讲，阐述经济全球化大潮不可逆转、构建人类命运共同体才是人间正道。这是中国的理念、主张和全球治理方案，也是中国作为负责任大国的担当，得到国际社会高度赞誉。这次疫情更是告诉全世界一个基本事实：人类是一个休戚与共的命运共同体。疫情面前，无论大国还是小国，无论富国还是穷国，没有谁能够独善其身。唯有携手抗疫、共克时艰，才能彻底战胜疫情，共建人类美好家园。

中国抗击疫情的防控阻击战一打响，习近平总书记就强调："加强合作、全力应对，共同维护地区和全球卫生安全。"② 习近平主席在会见世界卫生组织总干事谭德塞时表示："中方愿同世界卫生组织和国际社会一

---

① 习近平：《在中央政治局常委会会议研究应对新型冠状病毒肺炎疫情工作时的讲话》，《求是》杂志2020年第4期。
② 《人民日报》2020年1月26日。

道，共同维护好地区和全球的公共卫生安全。"习近平主席秉持人类命运共同体理念，高度重视疫情防控国际合作，频频开展元首外交，亲自推动疫情防控国际合作。加强疫情防控国际合作是发挥我国负责任大国作用、推动构建人类命运共同体的重要体现。我们从分享防疫信息和经验到开展药物疫苗研发国际合作，从为其他国家提供尽可能多的物资保障到派出医疗专家组分赴有关国家帮助抗疫，从支持国际组织发挥应有作用到提出打造人类卫生健康共同体，人类命运共同体理念在全球联防联控抗击疫情的共同行动中熠熠生辉。这场世界各国联防联控、共同抗击疫情的伟大斗争，必将成为世界各国共建人类命运共同体的重要篇章。

今天，站在经济全球化还是逆全球化、开放还是封闭、合作还是对抗、多边主义还是单边主义的抉择路口，全球抗击疫情清楚地告诉人们：经济全球化进程不可逆转，面对重大危机和挑战，没有人能独善其身，只有构建人类命运共同体，才能给世界带来共同繁荣。

（三）在应对百年未有之大变局的大考中交出优异答卷

习近平总书记强调："领导干部要胸怀两个大局，一个是中华民族伟大复兴的战略全局，一个是世界百年未有之大变局，这是我们谋划工作的基本出发点。"[①]疫情的冲击已对世界各国的经济社会发展、内政和外交带来深刻影响，推动世界政治和经济格局发生重大变动，推动世界百年未有之大变局进一步发展。如何应对由疫情进一步推动的世界百年未有之大变局，对世界各国来说也是大考。我们要胸怀两个大局，准确识变、科学应变。

近代以来，中国的发展总是和世界的大变局紧密相关。百年前的第一次世界大战和俄国十月革命的胜利，以及一战后形成的凡尔赛—华盛顿体系，是世界近代史上的一次大变局。这次大变局唤醒了到处寻找救国救

[①]《习近平谈治国理政》（第三卷），外文出版社2020年6月版，第77页。

民真理的中国人，推动中国的工人阶级在五四运动中作为独立的政治力量登上中国历史舞台，推动中国的民主革命从旧民主主义革命转变为新民主主义革命，推动中国先进分子把马克思列宁主义同中国工人运动相结合创建了中国共产党。在世界大变局的推动下，中华民族伟大复兴开启了新的征程。

自第一次世界大战结束后的百年间，世界上发生了一系列大事，远的有凡尔赛—华盛顿体系留下的后遗症引发了第二次世界大战，近的有美国次贷危机引发了国际金融危机。在这百年间，中国发生了翻天覆地的变化。中国共产党领导团结带领中国人民完成新民主主义革命，建立了中华人民共和国；完成社会主义革命、确立社会主义基本制度，推进社会主义建设；进行改革开放新的伟大革命，开创了中国特色社会主义事业。党的十八大以来，中国特色社会主义进入了新时代，党和国家事业取得历史性成就、发生历史性变革。回顾百年来历史，中华民族在伟大复兴历史进程中取得的每一个历史性成就，都促进了世界和平与发展。比如，中国人民以巨大民族牺牲支撑起了世界反法西斯战争的东方主战场，为世界反法西斯战争胜利做出了重大贡献。又如，中国的经济发展为应对2008年国际金融危机、推动世界经济复苏增长做出了重要贡献。中国一直在为世界和平与发展注入正能量，一直在为建设更加美好的世界贡献力量。在这次全球抗击疫情的斗争中，中国秉持人类命运共同体理念，大力推进疫情防控国际合作，进一步展现了中国是维护世界和平、促进世界发展的坚定力量，是同世界各国共建人类命运共同体的坚定力量。

这次疫情对世界的影响是不言而喻的，必将推动世界百年未有之大变局进一步发展。在百年未有之大变局中，中国指明了一个多极化世界能够和平发展的大方向，这就是构建人类命运共同体。这次全球抗击疫情的斗争，不仅证明了人类命运共同体理念的正确性，而且正以这一理念推动世界百年未有之大变局的发展。在百年未有之大变局中，中国始终是世界和平的建设者、全球发展的贡献者、国际秩序的维护者。中国的发展是世界的机遇，中国将以自身发展促进世界和平与发展。面对和平、发展、合作、共赢的时代潮流，各国只有与时代同步伐，携手共建人类命运共同体，才能在应对百年未有之大变局的大考中交出优异答卷，迎来人类发展更加美好的明天。

同在地球村,健康共命运①

新冠肺炎——一场全球大流行病,在世界跨入21世纪第二个10年之际,猖獗肆虐人类。除了南极,有人类居住的世界各大洲无一幸免。截至2020年5月6日,全球确诊病例累计3641847例,累计死亡237736人。联合国秘书长安东尼奥·古特雷斯说,新冠肺炎大流行是二战以来最严重的全球危机。这场危机,使我们进一步意识到,人类是休戚与共的命运共同体,携手抗击疫情是唯一正道,建设人类健康共同体才是人类的美好未来。

(一)人类是休戚与共的命运共同体

这场抗击新冠肺炎疫情的严酷斗争,我们把它称为"人民战争,总体战,阻击战",但是这场战争和历史上的热战、冷战都不一样,它不是人与人之间你死我活的博弈和战争,而是人与病毒之间你死我活的博弈和战争。在这场博弈和战争中,不论是富国还是穷国,不论是首相还是平民,谁也不能独善其身。这一事实告诉我们,新冠病毒是人类的共同敌人,人类是休戚与共的命运共同体。

"人类命运共同体"理念,是中国在社会主义现代化道路上实现中华民族伟大复兴的关键时期提出的,也是在世界面临百年未有之大变局的国际形势下提出的,关乎中国和世界的前途命运。

---

① 本文是作者2020年5月向有关方面提供的一篇关于新冠肺炎疫情的研究报告。

"世界怎么了、我们怎么办?这是整个世界都在思考的问题,也是我一直在思考的问题。"这是中国国家主席习近平2017年1月18日在联合国日内瓦总部演讲时提出的问题。

世界怎么了?他说:"人类正处在大发展大变革大调整时期。世界多极化、经济全球化深入发展,社会信息化、文化多样化持续推进,新一轮科技革命和产业革命正在孕育成长,各国相互联系、相互依存,全球命运与共、休戚相关,和平力量的上升远远超过战争因素的增长,和平、发展、合作、共赢的时代潮流更加强劲。"①"同时,人类也正处在一个挑战层出不穷、风险日益增多的时代。世界经济增长乏力,金融危机阴云不散,发展鸿沟日益突出,兵戎相见时有发生,冷战思维和强权政治阴魂不散,恐怖主义、难民危机、重大传染性疾病、气候变化等非传统安全威胁持续蔓延。"②

我们怎么办?他说:"让和平的薪火代代相传,让发展的动力源源不断,让文明的光芒熠熠生辉,是各国人民的期待,也是我们这一代政治家应有的担当。"③接着,他掷地有声地说:"中国方案是:构建人类命运共同体,实现共赢共享。"④

人类命运共同体这一理念提出的依据是,尽管在这个世界里,各个国家的历史文化不同、社会制度和意识形态不同,但在经济全球化的历史进程中,各个国家在世界市场经济的推进中已经形成多层次的利益交汇点,并在此基础上形成"你中有我、我中有你"的利益共同体;与此同时,人类在长期发展进程中也已经形成了和平、发展、公平、正义、民主、自由等共同价值;再加上信息化、数据化的迅猛推进使世界日益成为一个紧密联系的地球村。这一切,决定了世界上各个国家不仅有必要,而且有可能构建一个人类命运共同体。尽管有人在冷战思维下依然抱残守缺、寻衅闹

---

① 《习近平谈治国理政》(第二卷),外文出版社2017年11月版,第538页。
② 同上。
③④ 同上,第539页。

事，但他们除了闹事之外提不出任何一个可以解决当今世界面临问题的可行性方案。因此，"人类命运共同体"理念一经提出，就引起国际社会高度关注，并被写进了联合国文件。

在这次抗击新冠肺炎疫情一开始，中国就秉持人类命运共同体的理念，在国内积极防控疫情的同时，主动和国际社会合作。

我们不妨还原一下中国同新冠病毒开战时，采取的一系列国际合作举措——

在新冠肺炎疫情突如其来降临人类的时候，许多国家都出现了"不明原因"病例，武汉也在2019年12月底发现了"不明原因肺炎"。12月30日，武汉已经向各医疗机构发布紧急通知，要求做好不明原因肺炎救治工作。31日，国家卫生健康委员会在凌晨做出安排部署，派出工作组、专家组赶赴武汉市，指导做好疫情处置工作，开展现场调查。同日，武汉市卫生健康委在官方网站发布《关于当前我市肺炎疫情的情况通报》，发现27例病例，并提示公众尽量避免到封闭、空气不流通的公众场合和人多集中地方，外出可佩戴口罩。从2020年1月3日起，中国开始定期与世界卫生组织、有关国家和地区组织以及中国港澳台地区及时、主动通报疫情信息。也是从那天起，中方开始定期向美方通报疫情信息和防控举措。1月4日，中国疾控中心负责人还与美国疾控中心主任通了电话，介绍疫情有关情况。双方同意就信息沟通和技术协作保持密切联系。

和世界上有些国家不一样的是，中国没有把这一"不明原因肺炎"看作流感，而是抱着对人民负责的态度，致力于探明其病原，积极防治。1月5日，武汉市卫生健康委在官网发布关于不明原因的病毒性肺炎的情况通报，共发现59例不明原因的病毒性肺炎病例。根据实验室检测结果，排除了流感、禽流感、腺病毒、传染性非典型性肺炎和中东呼吸综合征等呼吸道病原。那一天，中国向世界卫生组织通报了这些最新信息。世界卫生组织也首次就中国武汉出现的不明原因肺炎病例向各国通报。

1月7日，中共中央总书记习近平在主持召开中央政治局常委会会议时，对做好疫情防控工作提出了要求。当天，中国疾控中心成功分离出首株新冠病毒毒株。1月8日，国家卫生健康委专家评估组初步确认新冠病毒为疫情病原。那天，中美两国疾控中心负责人通电话，讨论双方技术交流合作事宜。1月9日，国家卫生健康委专家评估组对外发布武汉不明原因病毒肺炎病原信息，病原体初步判断为新型冠状病毒。中方向世界卫生组织通报疫情信息，将武汉不明原因的病毒性肺炎疫情病原学鉴定取得的初步进展分享给世界卫生组织。世界卫生组织网站发布关于中国武汉聚集性肺炎病例的声明，表示在短时间内初步鉴定出新型冠状病毒是一项显著成就。

事实上，由于中国恪守人类命运共同体的理念，在防控疫情的全过程都坚持信息公开透明，决策公开透明，措施公开透明，结果公开透明，全心全意依靠全体人民，真心诚意和国际社会分享抗疫经验。

中国采取强有力的举措控制疫情在境内外扩散，不仅是在保护中国人民，也是在保护世界人民。我们知道，中国进入这场防控疫情斗争，面对的是"不明原因肺炎"，而其他国家是在中国付出很大代价已经搞清楚我们的对手是"新冠病毒"的情况下开始抗疫斗争的。中国在世界上最早发现"不明原因肺炎"，是第一大贡献；中国搞清楚敌人的身份是"新冠病毒"，是第二大贡献；中国后来又进一步搞清楚这种病毒会"人传人"，是第三大贡献；中国在搞清楚这种病毒会"人传人"后，即刻采取措施对人口上千万的武汉"封城"，并在城内和全国各地社区实施联防联控、群防群控的隔离措施，切断病毒传染源，是第四大贡献。正如世界卫生组织所说的，正是中国采取这样一系列正确的决策和有力的措施，为世界争取了防控疫情的窗口期。

但是，有的国家无视新冠病毒的强大传播力和杀伤力，不利用中国提供的这一窗口期积极部署抗疫斗争，而是为了一己私利或党派利益无穷无尽地干扰抗疫斗争，甚至不把锋芒对准人类共同的敌人新冠病毒，极力对中国和世界卫生组织污名化，导致疫情在他们那里失控，许多人就此丧失了生命。这些人间悲剧,也从反面说明了人类是休戚与共的命运共同体。

世界卫生组织总干事谭德塞曾经告诫大家,偏见是最危险的敌人,偏见比病毒本身更危险。2月初,在这些基于偏见、无知的污名化言行刚刚露头时,27位美欧知名卫生法学家就在国际著名医学刊物《柳叶刀》联名发表声明,呼吁国际社会以理性的态度对待此次疫情,指出,"基于恐惧、误传、种族主义和排外心理的应对措施不会将我们从类似新冠肺炎这样的突发事件中拯救出来"。

2月28日,在世卫组织日内瓦新闻发布会上,世界卫生组织卫生紧急项目负责人迈克尔·瑞安(Dr Michael Ryan)也明确指出,关于任何疾病的来源,任何地方都有可能。冠状病毒是全球现象,在全世界都存在。它们在某个地方出现,是自然史上的不幸事件,重要的是我们不要去责怪其地理来源,而是关注如何应对及遏制病毒。当然我们需要了解病毒的来源,以便于控制它,避免其再度来袭,但这不是说去责怪谁,或是哪种可怜的动物的过错。我们要小心自己的语言。不幸的是,污名化的语言及指责已成为全球描述的一部分,这完全没有益处。[①]

这场在全球暴发的新冠病毒疫情,对人类来讲,是一场大灾难。我们在为这场灾难中失去生命的人表示深切哀悼的时候,也应该很好地反思世界各个国家应该怎样相处才符合人类共同的愿望。如果说在中国提出共同构建人类命运共同体这一全球治理方案的时候,这还是一个理论上的构想,那么,这次抗击新冠病毒疫情的斗争则用事实证明了:人类确实是一个休戚与共的命运共同体。

(二)携手抗击疫情是唯一正道

新冠病毒的出现和肆虐,也是对人类大团结的大考验。实践证明,在这样的病毒面前,携手抗击疫情才是唯一正确的选择。

---

① 中国中央电视台2020年2月28日报道。

大量的病例正在证明，新冠病毒早就悄然无声地降临人间。中国最早发现了新冠病毒，并不是说新冠病毒的源头就在中国。世界各国都面临着新冠病毒的危害。早在2月28日，世界卫生组织总干事谭德塞已经向全世界发出警告：新冠肺炎全球蔓延风险"非常高"，将会演变为全球大流行病。他同时指出，新冠病毒的传播表明，这种病毒不分国界，不分种族或民族，也不分一个国家的国内生产总值或发展水平。

这次抗击疫情，使得世界各个国家的人民从未像现在这样真切地感受到，我们的命运是这样的紧密相连，休戚与共。

我们只要回放一下中国防控疫情初期那些感人的视频镜头，就可以体会到什么叫患难见真情——

大疫袭来，听闻中国防控病毒必需的口罩、防护服等防护用品短缺，巴基斯坦总统阿尔维第一时间致电习近平主席，第一时间把巴基斯坦医院所有库存口罩和防护服都捐给中国兄弟。一个半月后，当阿尔维总统应邀来华访问时，记者问他为什么当时把巴基斯坦所有防疫物资都给了中国，而巴基斯坦自己实际上也不够用？阿尔维说，为了帮中国应急，我们就没想给自己留后路。

日本朝野也在第一时间行动起来，组织力量驰援中国。安倍晋三首相表示"全力支持中国抗击疫情"。自民党国会议员3月份工资每人扣5000日元（约318元人民币）用于支援中国。日本汉语水平考试实施委员会紧急筹措2万个口罩送往湖北，包装纸箱上用中文写着"山川异域，风月同天"。这句唐代鉴真东渡时的偈语一时在全中国网络"爆红"。

中国战"疫"最艰难的时候，第一个来访的政府首脑是柬埔寨首相洪森。他2月5日临时决定访华，表示柬埔寨人民同中国人民坚定地站在一起，患难与共，共克时艰，是真正的"铁杆朋友"。回到柬埔寨后，他又不顾风险，决定接受"漂泊邮轮"威士特丹号，并亲自到西哈努克港迎接乘客，送上鲜花和拥抱。

还有，第一位来访的国家元首蒙古总统巴特图勒嘎送来了20万美元捐款,并赠送给中国人民30000头羊,送来了友好邻邦草原人民的纯朴的友好情谊。

还有,第一位来访的外交部部长塞尔维亚第一副总理兼外长达契奇说,塞尔维亚人民不会忘记,当年北约轰炸南联盟时,中国朋友坚守在贝尔格莱德,同塞尔维亚人民站在一起。当时中国人民不惧强权的炸弹,现在塞尔维亚人民也不怕新冠病毒这一共同的敌人,我们将与中国兄弟感同身受,患难与共。

还有,在异国他乡,2月5日晚,在斯里兰卡首都科伦坡著名的佛教寺庙无畏寺,斯里兰卡总理马欣达·拉贾帕克萨率领多名内阁部长、议员及各界民众,共同为中国抗疫诵经、祈福。同样,远在以色列的近千名民众2月16日聚集在耶路撒冷老城哭墙,为中国人的健康和福祉祈祷。

……

这些感人的镜头已经永远留在中国人民的心头。

投我以桃李,报之以琼瑶。中华民族是个感恩的民族,世界各个国家对中国的每一份宝贵支持我们都会铭记在心。当疫情在其他国家蔓延时,中国人民通过各种形式对支援过我们的朋友送去中国的关心。

战"疫"时刻,习近平主席同各个国家的领导人频频通话,表达了中国对世界的感恩之心和战胜疫情的坚韧之志。

我们不会忘记,在中国疫情刚刚爆发的2月初,处在美国长期经济制裁之下,物资极端匮乏的伊朗曾给中国送来200万个口罩。2月28日,中国派出第一支五人专家组,赴伊朗协助抗疫。同时,中国援助伊朗的防护物资也运抵德黑兰,包括核酸检测试剂盒、制氧机、消毒粉、电子体温计等。中国驻伊朗大使馆和在伊中资企业也捐赠25万只口罩及5000人份核酸检测试剂盒。在捐赠物资纸箱上用中文和波斯文写着:"伊朗加油!中国加油!""亚当子孙皆兄弟,兄弟犹如手足亲。"

3月1日,中国驻日本大使馆公布,中国向日本捐赠防护服和口罩。此前,中方已经向日本国立传染病研究所捐赠了一批新冠病毒核酸检测试剂盒。3月2日,马云公益基金会宣布,筹措100万只口罩捐赠给日本。马云说,在我们最紧缺物资的时候,日本的二阶俊博先生和很多日本朋友一起,筹集了一批防护服送到中国抗疫一线。现在日本正在经历的,中国刚刚经历过,所以我们知道最应该做什么!

3月7日,中国的第二个专家组踏上征途,赴伊拉克协助抗疫。

随着意大利疫情加重,3月中旬,中国连续派出两个专家组赴意大利支援抗疫。第三个专家组也于3月25日抵达米兰。

3月21日,中国专家组携呼吸机、防护服等援助物资抵达贝尔格莱德,塞尔维亚总统武契奇亲自到机场迎接。他把中塞两国国旗扎在一起,并深情地亲吻了中国的五星红旗。

以后,中国接连派出专家组,用中国经验帮助各国抗疫。欧盟委员会主席冯德莱恩用英德法三种语言发表视频讲话,对中国的援助表示深切的感谢。她说,欧盟正处于全球疫情的中心,防疫物资紧缺,此时中国及时支持,她深表赞赏。

……

中国人用实际行动传递着"滴水之恩,涌泉相报"的朴素价值观和深厚情感。

这一切,告诉了我们,人与人之间,有着比共同利益更为珍贵的良知和情感,这也是构建人类命运共同体的一块重要基石。

为了推进全球联防联控疫情蔓延,3月26日举行了二十国集团(G20)领导人应对新冠肺炎特别峰会。这是一场前所未有的高规格"云会议",是G20历史上首次举行的领导人视频峰会。习近平主席出席了这次峰会,也是疫情暴发以来他出席的第一场重大多边外交活动。习近平主席在会上发表了重要讲话。

习近平主席这个重要讲话,以"携手抗疫,共克时艰"为主题,倡议有效开展国际联防联控,坚决打好新冠肺炎疫情防控全球阻击战,呼吁加强宏观经济政策协调、防止世界经济陷入衰退。这个重要讲话,对本次

G20领导人特别会议取得成功发挥了重要引领作用。

峰会后，外交部有关领导在介绍会议的成果时指出，习近平主席的这个重要讲话，秉持人类命运共同体理念，分享了抗疫"中国经验"，就加强疫情防控国际合作、稳定世界经济提出了"中国主张""中国倡议"，做出了"中国贡献"。

一是分享了中国经验。习近平主席强调，面对突如其来的新冠肺炎疫情，中国政府、中国人民不畏艰险，始终把人民生命安全和身体健康摆在第一位，按照坚定信心、同舟共济、科学防治、精准施策的总要求，坚持全民动员、联防联控、公开透明，打响了一场抗击疫情的人民战争。

二是阐述了中国主张。习近平主席指出，要坚决打好新冠肺炎疫情防控全球阻击战。国际社会应加紧行动起来，坚决遏制疫情蔓延势头。要携手帮助公共卫生体系薄弱的发展中国家提高应对能力。要有效开展国际联防联控。各国必须携手拉起最严密的联防联控网络。还要积极支持世界卫生组织等国际组织发挥作用，制定科学合理防控措施，尽力阻止疫情跨境传播。同时，要加强国际宏观经济政策协调。实施有力有效的财政和货币政策，加强金融监管协调，减免关税、取消壁垒、畅通贸易，维护全球产业链供应链稳定，保障人民基本生活。

三是提出了中国倡议。习近平主席建议，尽早召开G20卫生部长会议，加强信息分享，开展药物、疫苗研发、防疫合作；适时举办全球公共卫生安全高级别会议。他还建议，G20依托世界卫生组织加强疫情防控信息共享，推广全面系统有效的防控指南。探讨建立区域公共卫生应急联络机制，提高突发公共卫生事件应急响应速度。抗疫援助合作方面，他建议发起G20抗疫援助倡议，在世界卫生组织支持下，加强信息沟通、政策协调、行动配合。在稳定世界经济金融方面，他倡议制定G20行动计划，并就抗疫宏观政策协调及时做出必要的机制性沟通和安排。

四是做出了中国贡献。习近平主席强调，中方愿同各国分享防控有益做法，开展药物和疫苗联合研发，并向出现疫情扩散的国家提供力所能及的援助。中国将加大力度向国际市场供应原料药、生活必需品、防疫物资等产品。中方已经建立新冠肺炎疫情防控网上知识中心，向所有国家开放。他还强调，中国将继续实施积极的财政政策和稳健的货币政策，坚定不移扩大改革开放，放宽市场准入，持续优化营商环境，积极扩大进口，扩大对外投资，为世界经济稳定做出贡献。

峰会后，习近平主席与各国领导人又多次通话，反复强调公共卫生安全是人类面临的共同挑战，需要各国携手应对。中国始终秉持人类命运共同体理念，继续同世卫组织保持良好沟通，扩大抗疫双多边合作，探索开展跨国联防联控，加强卫生、检疫、交通、出入境等部门协调，及时分享疫情信息、防控措施和研究成果，加强抗病毒药物及疫苗联合研发。中国也将坚定地承担起负责任大国的责任，愿意向出现疫情的其他国家和地区提供力所能及的帮助。

言必信，行必果。在习近平主席讲话后，中国政府迅速行动起来，及时与世界各国分享疫情信息和抗疫经验，持续不断地为有需要的国家提供力所能及的抗疫人员和物资支持，为全球有效应对疫情不懈地贡献着自己的力量。

无论对我们的邻居日本、韩国、菲律宾、巴基斯坦、伊朗等亚洲国家，还是对远在欧洲、美洲、非洲和澳洲等各兄弟国家，我们都给他们送去了防控疫情急需的物资和经验。巴基斯坦总理伊姆兰·汗表示，整个世界都感谢并赞赏中国应对疫情的努力和成效，没有任何国家可以做得比中国更好。第74届联合国大会主席班迪也表示，中国在防控疫情过程中展现出的领导力与透明度堪称典范。

中国还和许多国家进行了跨国视频会议，中外医疗专家通过"云分享"，交流分享中国的诊疗经验。世界卫生组织紧急项目技术负责人玛丽亚·范凯尔克霍弗说，中国专家亲临现场，与其他国家直接交流分享抗疫经验，这是我们最希望看到的，期待这样的交流越来越多。

事实告诉我们，唯有坚持人类命运共同体的理念，有效开展国际联防联控，才能打赢这场全球防控疫情阻击战。

中国用实实在在的行动注释了"携手抗疫，共克时艰"，用实实在在的行动践行了构建人类命运共同体的庄严承诺。

（三）建设人类卫生健康共同体

新冠病毒疫情虽然来势凶猛，但毕竟是暂时的，人类有能力有智慧控制并最终战胜它。这已经被人类发展史和中国今天新的抗疫成功实践所证实。但是，人类社会的长远发展路径，能否也能走向合作共赢的健康发展道路，建设人类卫生健康共同体，这是这次抗疫斗争留给我们的最大思考。

美国传染病专家利普金教授说，新冠病毒是一种新的病毒，但不会是最后一个，我们逐渐攻克新冠后，还会有新的威胁出现。我们必须结成全球合作伙伴，共同加强对流行病的遏制。中国有能力发现并逐渐控制病毒，但世界上还有许多发展中国家不具备这种能力。因此，我们应建立一个全球传染病流行病学网络，为他们提供基因测序和发展诊断工具，以及试剂盒所需的能力。在这方面有很多事情需要做。[1]

英国《泰晤士报》认为，正如"9·11"事件让人们看清了恐怖主义威胁及其漫长的历史，新冠疫情让人们意识到我们面对疾病大流行时的脆弱性。正如"9·11"事件后的反恐措施推动了法律、战争和外交理论的发展一样，公共卫生领域也可能因新冠疫情而取得新的发展和突破。[2]

而且，未来的挑战除了重大传染病，还会出现许多我们意想不到的新名堂。这一次，我们面临的是传染病的挑战，下一次，我们可能面对的将是来自气候变化、网络安全或金融领域的危机。如果我们不能从一次次的危机中吸取教训，化挑战为机遇，人类的苦难还会少吗？

我们认为，构建人类命运共同体涉及经济、安全等各个方面，这次全

---

[1] 见利普金教授接受杨澜采访，2020年3月3日中国新闻网。
[2] 英国《泰晤士报》2020年3月3日。

球抗击新冠肺炎疫情的斗争告诉人们,应对重大传染病等非传统安全问题和全球性问题的挑战,也应该加强国际协调合作,共同呵护人类赖以居住的地球,共同建设休戚与共的地球村。由于病毒威胁的是整个人类,人类更容易形成命运共同体的共识。也许,构建人类卫生健康共同体不仅是共建共享人类命运共同体的重要方面,而且很可能是构建人类命运共同体的第一步。

试问,怎么推进人类卫生健康共同体的建设?

首先,必须把防控传染病这样的公共卫生问题上升到安全层面上来对待。中国认为,我们身处一个传统安全与非传统安全问题相互交织的时代,包括重大传染性疾病在内的各种非传统安全问题对人类社会构成日益严峻的挑战。在应对非传统安全的挑战问题上,中国将在以习近平同志为核心的党中央领导下,决心与国际社会一起,携手应对挑战。中国将积极践行共同、综合、合作、可持续的新安全观,致力于加强在非传统安全领域的对话与沟通,增进各方理解与互信,促进应对非传统安全威胁的国际合作进程,不断丰富构建人类命运共同体的内涵与实践。①

其次,必须齐心协力解决全球公共卫生问题上的短板。这次疫情暴露出全球公共卫生治理的短板,凸显了加强这一领域治理体系建设的紧迫性。在应对重大传染病挑战的问题上,中国将在以习近平同志为核心的党中央领导下,一以贯之秉持人类命运共同体理念,积极开展防控重大传染病的国际和地区合作,为构建人类卫生健康共同体发挥积极的作用。中国将深入参与全球公共卫生治理,一如既往支持联合国及世卫组织在应对突发公共卫生事件、健全完善全球公共卫生治理机制中发挥核心作用,与国际社会团结应对全球公共卫生挑战。这不仅关乎中国人民的生命和健康,也关乎世界各国人民的安全和福祉。

再次,必须秉持人类命运共同体理念,加强全球各个国家的多边合

---

① 王毅:《坚决打赢抗击疫情阻击战,推动构建人类命运共同体》。《求是》杂志2020年3月1日。

作。这次对全球共同的敌人新冠疫情的应对，已经使国际社会切实感受到加强全球治理和多边合作，构建利益汇合点、利益共同体和命运共同体的极端必要性。在加强多边合作以应对各种挑战的问题上，中国将在以习近平同志为核心的党中央领导下，坚持自身和平发展，坚持与世界合作共赢；发挥大国作用，承担大国责任；维护国际准则，推进国际关系民主化；超越社会制度、历史文化和发展阶段的不同，共同呵护好建设好百花齐放的地球村大花园。

我们面对的永远只会是一个不变的现实——我们只有这一个地球。我们要跳出冷战思维、零和博弈和意识形态政治偏见，摒弃种族主义、单边主义、保护主义，倡导多边主义，加强国际合作，找到更有效的多边合作框架，为世界提供更多的国际公共产品，共同提升全球治理的水平和有效性。

我们同为地球的公民，未来的路究竟应该怎么走？无论如何，经过这次大疫，我们应该得到成长，我们应该变得更坚强、更自信，构建人类命运共同体的路应该走得更坚定，更实在。在我们看来，建设人类命运共同体，重要的一点，就是要首先建设好人类卫生健康共同体。

九

"读懂中国"和"读懂世界"相辅相成

"读懂中国""读懂世界"对于已经走向世界,正在致力于推动构建人类命运共同体的我们来说,有多重要?听一听习近平总书记是怎么说的吧!他说,长期以来,我们存在"落后挨打""贫穷挨饿""失语挨骂"这三大问题。现在,"挨打""挨饿"的问题已经解决了,但"挨骂"的问题还没有解决。作为一个中国人,要认真地想这个问题,并把功夫下在两个"读懂"上。

中美关系：在"读懂中国"中消弭美对华误解[①]

互信是合作的基础，误解是互信的大碍。在今天复杂的中美关系中，美国一些人对中国的误解已经成为松动两国战略互信基石的"蟋蚁"。弗兰西斯·培根在梳理人的认识容易陷入的误区时，曾经形象地把那些因立场、偏见不同而产生的主观认知称为"洞穴假象"，要消弭对华误解，增强中美战略互信，就应该让误解从"洞穴"中走出来。

（一）读懂中国，误解是可以在交流中消弭的

生活中难免会发生误解。中国古代有一则寓言，叫"疑人偷斧"。这个寓言说的是：从前有一个人遗失了一把斧头，他怀疑被邻居的小孩偷走了。于是，他就暗中观察小孩的行动，不论是言语与动作，或是神态与举止，怎么看，都觉得小孩是像偷斧头的人。隔了几天，他在后山找到了遗失的斧头，原来是自己弄丢了。之后，他再去观察邻居的小孩，再怎么看也不像是会偷斧头的人。

为什么会发生这样的事？

当代杰出的新管理大师、学习型组织理论提出者、美国麻省理工大学斯隆管理学院资深教授彼得·圣吉（Peter M. Senge），在他的著作《第五

[①] 本文发表于《人民论坛》2020年第2-3期。

项修炼》第10章"心智模式"中,讲述了"疑人偷斧"这个故事后指出:这是因为,人们观察和思考问题都有自己的心智模式(Improving Mental Models),心智模式影响我们所"看见"的事物。两个具有不同心智模式的人观察相同的事件,会有不同的描述。因为他们看到的重点不同。譬如你和我一起去参加一个热闹的宴会,我们的视觉所收到的基本资料都相同,但是我们所留意的面孔却不尽相同。正如心理学家所说的,我们做了选择性的观察。即使在理论上应该是最"客观"的科学家,也无法绝对客观地观察这个世界。心智模式对我们的所作所为具有巨大影响力,就是因为心智模式影响我们如何认知周遭世界,并影响我们如何采取行动。我们所想的往往都是假设而不是真相。彼得·圣吉说,心智模式的问题不在于它的对或错,而在于不了解它是一种简化了的假设,以及它常隐藏在人们的心中不易被察觉与检视。

那么,人的心智模式能不能改变呢?彼得·圣吉认为,建立学习型组织,不仅可以超越自我,而且可以改善自己的心智模式。他说,学习如何将我们的心智模式摊开,并加以检视和改善,有助于改变心中对于周遭世界如何运作的既有认知。也就是说,除了那些准备带着花岗岩头脑去见上帝的人,只要他肯学习肯交流都可以改善心智模式,从造成误解的"洞穴"中走出来,正确认识世界上的万事万物。

中美两国都是大国,但历史、文化和社会制度各不相同,过去受到世界范围冷战的影响,两国交往不多,双方都生活在自己的"洞穴"中。许多人都以自己的"心智模式"来观察对方。既然对对方不那么了解,出现这样那样的误解是难免的。自中国改革开放以来,大批中国人特别是年轻人走出国门,到美国旅游、求学、工作和发展,打开了眼界,也了解了美国,从而消弭了隔阂,为两国各个领域的合作发展奠定了重要的基础。中国的经验证明,"洞穴假象"是能够消除的,"心智模式"是可以改善的,两个不同国家之间的战略互信是能够建立的。

现在,新的问题发生了,在中国经济快速发展特别是在中国经济总量超过美国经济总量的三分之二后,焦虑、失望、恐惧等复杂情绪开始在美国政界乃至社会中蔓延。之所以会出现如此激烈的反应,同许多美国人对中国缺乏了解甚至误解有关。这种"不了解"和"误解",对于这两个经贸关系密切的大国来讲,已经成为两国好不容易才建立起来的战略互信的"理解赤字"。

举个例子,大多数美国人都不知道中国人是怎么称呼他们国家国名的。1844年签订的中美《望厦条约》中,美国的国名United States of America曾经被译为"亚美理驾洲大合众国"。后来几经变化,被译为"美利坚合众国",简称为"美国"(日本译为"米国")。"美国"在汉语中的含义,就是"美丽的国家"。之所以把America译成这样具有美好寓意的名词,是因为中华文化是一种以伦理为本位的文化,历来主张"人之初,性本善",在国际关系上要协和万邦,在翻译外语时又要做到信达雅。而美国几乎没有几个人知道中国人把他们国家称为"美丽的国家",更没有几个人知道中国人从小接受的就是这样的教育。这是多么大的反差呀!

多年来,我们一直在倡导要"读懂中国"。不仅外国人要"读懂中国",中国人也要"读懂中国",同时也要"读懂世界"。这两个"读懂"相辅相成,如果真正"读懂"了,误解就可以消弭,互信就可以增强。

(二)读懂中国,关键在读懂中国共产党

美国绝大多数人包括一些议员从来没有来过中国,他们只知道今天的中国是共产党领导的国家,而他们头脑中的"共产党"就是苏联的共产党,或者说就是冷战时期在媒体上被频频曝光其阴暗面的苏联共产党。以对苏联共产党的这种"了解"来认识中国共产党,这是美国许多人今天对中国和中国共产党误解的重要原因。

前几年,有位美国总统身边的大官,由于研究过苏联共产党,常常

自诩了解中国和中国共产党。当问她："中国共产党和苏联共产党一样吗？"她感到难以回答。后来，我们送她一本书，是清朝末代皇帝溥仪写的《我的前半生》，让她看一看中国共产党对待皇帝和苏联共产党对待皇帝是不是一样的。中国共产党对于像溥仪这样的皇帝也好，对于国民党战犯也好，对于过去在国民党军政部门工作过的留用人员也好，都有一个要求：只要他们不再搞破坏活动，就要把他们改造成为自食其力的新人，而不是从肉体上消灭他们。中国共产党的词典里有一个特有的名词，叫作"革命的人道主义"。

要了解中国共产党是一个什么样的党，必须了解中国共产党是怎么诞生的，而要了解中国共产党是怎么诞生的，就要了解近代以来中国的历史。中国有5000多年文明史，历史上有过十分辉煌的年代。需要指出的是，即使在中国经济实力世界第一的时候，也没有去称霸世界。但是由于英国工业革命兴起之时，中国错过了这一极好的发展机会，导致落后挨打。1840年鸦片战争以后，世界上几乎所有的列强都欺侮和侵略过中国。就是在这样的历史背景下，中国社会出现了"振兴中华"的民族复兴潮流。中国人今天那么强调国家的主权和领土的完整，就在于中国人经历过长达100多年的民族屈辱历史。这是美国和欧洲许多人没有经历过，也难以理解的。

非常有意思的是，在中国，民族复兴不是狭隘的"排外"。中国人在遇到民族救亡这一严峻挑战时首先反省自己落后了，认为要摆脱被列强侵略和奴役的悲剧，必须先向西方学习。中国人学习过西方的机器制造技术，学习过西方的君主立宪制，学习过西方的多党制、两院制、内阁制、总统制，这些学习都十分真诚，但都失败了。在第一次世界大战结束后的巴黎和会上，天真地认为"公理"能够战胜"强权"的中国人又一次失望了，西方把一个让中国人蒙受耻辱的条约强加给了中国。在中国新文化运动中，中国人已经开始学习传播"民主"和"科学"等新思想，十月革命使中国人又从"马克思主义""社会主义"中看到了新的曙光，进一步懂得了民主不是只有资本主义类型的民主,还有其他类型的民主。需要指出的是,中国人到处寻找真理,不是为了别的,就是为了救国救民。中国共产党就是这样,在民族复兴的时代潮流和世界社会主义潮流的交汇中应运而生。所以,习近平总书记指出:"为中国人民谋幸福,为中华民族谋复兴"是中国共产党成立时的初心和使命。

还要指出的是,中国共产党诞生后,在自己的实践中越来越认识到,要解决中国的问题不能靠别人,而要靠自己。特别是在同苏联共产党和共产国际错误指导的斗争中,中国共产党进一步认识到马克思主义必须"中国化"。但是,苏联共产党十分反感"马克思主义中国化"这样的概念,在20世纪60年代中苏论战中还为此对中国共产党进行过批判。中国共产党人认为马克思主义中国化并没有错,并在改革开放中继续提倡这一思想,提出了"中国特色社会主义"。所以,中国共产党和苏联共产党虽然都叫"共产党",但中国共产党诞生的历史条件和历史使命同苏联共产党不一样,有着自己的鲜明特点。

要问中国共产党的最大特点是什么,就是始终坚持实事求是、群众路线、独立自主。这是中国共产党人在长期奋斗中形成的具有中国共产党特色的立场、观点、方法。世界上,各种各样的政党,其兴衰成败,不胜枚举,但像中国共产党已近百岁依然那么充满朝气和活力,实属罕见;像中国共产党经过70多年奋斗就把一个"一穷二白"的十几亿人口的大国建设成世界第二大经济体,更是独一无二。这一切,都得益于中国共产党坚持实事求是、群众路线、独立自主这样的立场、观点、方法。

以对苏联共产党的"了解"来认识中国共产党,必定会产生误解。因此,我们说:要读懂中国,关键就在读懂中国共产党。

(三)读懂中国,重要的是读懂中国政党制度

让一个国家客观公正、全面了解另一个国家,是十分困难的。当前,世界各个国家对中国全面了解的其实并不多,就是了解中国的也不可能完

全理解中国的政党制度。他们不理解中国为什么不实行多党制或两党制，而只有共产党一党在执政。在一些美国人心目中，更存在些许的误解、误读。他们质疑这样的政党制度和独裁、专制有什么两样。

在讨论这个问题之前，先要说明一下：中国的政党制度，既不是多党制或两党制，也不是一党制。中国实行的是"一党领导、多党合作"的政党制度、"一党执政、多党参政"的政治体制。"一党"指的是中国共产党；"多党"指的是中国的八个民主党派。许多人不知道，在中国除了中国共产党，还有八个民主党派。他们是：中国国民党革命委员会、中国民主同盟、中国民主建国会、中国民主促进会、中国农工民主党、中国致公党、九三学社、台湾民主自治同盟。由此形成了中国共产党领导的多党合作和政治协商制度这一基本政治制度和新型政党制度。

中国除了有共产党，还有八个民主党派，这件事不仅一些美国人不知道，就是像越南这样的邻居也存在不知道的情况。有一次我去越南访问，说到我们不是一党制，还有八个民主党派时，在场的一些人居然很惊讶。

和美国的两党制、法国的多党制都是在自己的历史中形成的一样，中国的政党制度也是在自己的历史中形成的。近代以来，特别是孙中山先生领导的辛亥革命以来，在中国政治舞台上出现过许多政党。和世界许多国家一样，当年各个阶级、各个政党及其政治人物在中国政治舞台上竞相表演、相互博弈。1921年中国共产党成立后，就和另一个大党中国国民党经历了合作、破裂、斗争，再合作、再破裂、再斗争。每次合作都是共产党主动握手，每次破裂都是国民党首先出手。在抗日战争胜利前夜，中国共产党根据广大人民群众的愿望，主张抗战胜利后成立民主联合政府，明确提出可以先由中国国民党、中国共产党、中国民主同盟和无党无派分子的代表人物联合组成临时的中央政府。毛泽东还冒着风险亲自到重庆和国民党谈判。但是这一政治主张和谈判形成的协定最后被国民党否决了，他们决定用美国政府支持的武力彻底消灭共产党。在这个过程中，国民党不仅把共产党作为对手，也对一些民主党派包括主张实行"中间路线"的民主党派人士充满敌意。由各个民主党派组成的中国民主同盟在1947年10月被国民党政府宣布为非法团体。面对国民党的武装进攻,共产党被迫进行自卫。当共产党领导的中国人民解放军在战场上赢得主动权后,决定夺取全国政权。但是,共产党没有凭借武力独霸政权,而是一如既往坚持人民民主的思想,和各民主党派一起召开政治协商会议,讨论建立新中国。按照共产党原来的设想,先邀请各党派代表举行政治协商会议,再通过普选人民代表召开全国人民代表大会,成立新中国,选举产生中央人民政府。但由于大半个中国解放后战争还没有完全结束,而国家又不能没有政府,民主党派中有人向共产党建议,可以直接通过政治协商会议建国,由政治协商会议代行全国人民代表大会职权。中国共产党认为这个建议具有可行性,但不能仅仅由共产党和民主党派几个政党领袖开一个会来建立新中国,而要让各界人民的代表都能够参加政治协商会议,由人民来建立新中国。经过精心筹备,1949年9月21日到30日,中国人民政治协商会议第一届全体会议在北平(今北京)召开。参加会议的有全中国所有的民主党派、人民团体、人民解放军、各地区、各民族和国外华侨的代表600多人。国民党和追随他们的党派,由于长期反对民主、坚持独裁,并在中国人民获得解放的前夜已经外逃,理所当然不能参加这一建国盛会。因此,新中国的成立是人民对反动派的胜利,是民主对独裁的胜利。国民党因为反民主而失去民心被赶下历史舞台,共产党则因坚持民主而获得人民拥护掌握全国政权,这才是历史的真实。尤其需要指出的是,正是在民主与独裁的殊死斗争中,中国共产党以自己全心全意为民族独立和人民解放而奋斗的模范行动,赢得了人民群众的信任和拥戴,赢得了各个民主党派的信任和拥戴,成为全中国人民的领导核心。也正是在这样的历史进程中,形成了"一党领导、多党合作"的新型政党制度,形成了中国共产党领导的多党合作和政治协商制度这一基本政治制度。

还需要指出的是,在新中国成立后,有的民主党派认为自己的使命已经完成了,决定自行解散。事实上,有的政党确实很快就解散了。但共产党并没有认为这是一件好事。毛泽东亲自出面做工作，希望民主党派不要解散。他曾经动情地说过，共产党万岁，民主党派也万岁。在中国完成社会主义改造、建立社会主义基本制度后，毛泽东还说过："究竟是一个党好，还是几个党好？现在看来，恐怕是几个党好。不仅过去如此，而且将来也可以如此，就是长期共存，互相监督。"[①] "在这一点上，我们和苏联不同。"[②] 由此可见，中国共产党实行这样的政党制度，是依据中国国情和人民民主的要求做出的历史性选择。

毋庸讳言，我们在对待民主党派问题上也犯过错误。改革开放后，共产党总结了这方面错误。在共产党和民主党派关系问题上，邓小平在毛泽东讲的"长期共存，互相监督"八字方针后又加了八个字"肝胆相照，荣辱与共"，形成了十六字基本方针。江泽民进一步把民主党派定性为"参政党"，明确了民主党派参政的基本点是：参加国家政权，参与国家大政方针和国家领导人选的协商，参与国家事务的管理，参与国家方针、政策、法律、法规的制定执行。也就是说，中国共产党领导的多党合作和政治协商制度这一基本政治制度和新型政党制度形成于人民当家作主的新中国建立之初，巩固于中国建立社会主义制度之后，完善于改革开放以来。这一制度从形成到完善，充分证明了它和独裁专制毫无干系，其本质就是中国特色的民主政治。

（四）读懂中国，不能不读懂中国民主制度

在美国等一些国家，许多人常常会问：你们既然也主张民主，为什么不实行和我们一样的政治体制，为什么不搞竞争性选举？

前几年，全世界充斥着万花筒般的民主鼓噪，从而引发了苏联解体、东欧剧变、"颜色革命" "阿拉伯之春"。尽管引起这些事变的原因各不一样、结果也各不相同，尽管那些国家的人民在这些事变中并非都享受到

[①] 《毛泽东文集》（第七卷），人民出版社1999年6月版，第34页。
[②] 同上。

了民主的权利,成为国家的主人,但在许多媒体的报道和学者的著述中都被戴上"民主"的桂冠。这样,在民主成为一种时髦的同时,也在一些国家成为许多人付出极大代价而只有少数人才能享受到的奢侈品。

在美国和欧洲,虽然许多人认为中国没有民主,但也有人感到困惑。如果中国没有民主,那么为什么中国的市场经济不仅发展快还很活跃,甚至连许多西方国家都难以企及?一般而言,市场经济的发展,一要让公民享有自由的权利,包括自由选择职业、自由创业、自由迁徙、自由发展等权利;二要让公民享有平等的权利,包括宪法所规定的权利、平等交换商品的机制、平等交流信息的环境等。而具有这样的自由和平等,恰恰是民主的体现。

应该讲,要真正搞清民主这个东西并不容易。"民主"的词义虽然在词汇上可以一目了然,但要搞清其内涵却是让多少学者伤透脑筋的问题。民主的"民"是全体人民,还是多数人民?如果是全体人民,民主要"主"(统治)的是谁?如果是多数人民,难道民主就是多数人民"主"(统治)少数人民?美国学者乔万尼·萨托利和他之前的许多学者都讨论过"什么叫民主"这个极其复杂的基础性问题。在中国,也一直在探究民主这一重大问题。中国人民谁都知道,用民主取代专制、集权,是一种历史的进步。对于今天的中国讲,在要不要民主的问题上,早已形成共识,进一步在探索的是:实行什么样的民主,才更有利于中国的持续健康发展。

关于美国和西方许多人提出的中国为什么不搞竞争性选举的问题,可做如下解释。第一,这不是事实。中国有选举民主,只不过在目前阶段实行的是直接选举和间接选举相结合的选举制度。在县和县以下的人民代表是通过直接选举产生的,县以上的人民代表是通过间接选举即由下一级人民代表大会选举产生的。这些选举都实行差额选举,都是竞争性的选举。第二,中国正在不断完善选举民主。在县一级实行直接选举制度,不论直接选举还是间接选举都必须实行差额选举等,都是在改革开放后开始的。中国的选举民主,还在路上。

与此同时，我们也注意到，选举民主具有公开性、竞争性等优点，但也有不容忽视的问题。最大的问题是，它不能真正体现民主的本质。由于选举民主一般都依照"少数服从多数"的原则（目前还没有更好的办法）来进行，虽然人人都有一票的权利，但只有一部分选民的意志和诉求能够得到实现，而不能使全体选民的利益都得到实现。这个问题，我们在1954年召开第一次全国人民代表大会的时候就已经发现了。按照中国人民政治协商会议第一次全体会议通过的决定，在全国人民代表大会召开之前，由人民政协全体会议代行全国人民代表大会的职权。新中国成立后，经过3年艰苦奋斗，召开全国人民代表大会的条件成熟了。1953年1月，中央人民政府委员会一致通过了《关于召开全国人民代表大会及地方各级人民代表大会的决议》，并决定成立以毛泽东为主席的宪法起草委员会和以周恩来为主席的选举法起草委员会。对此，有些民主党派人士有顾虑，他们担心这一决策对他们不利，担心经过普选人民代表会把民主党派选下去。当时，毛泽东同志亲自出面做工作，指出："人民代表人会制的政府，仍将是全国各民族、各民主阶级、各民主党派和各人民团体统一战线的政府，它是对全国人民都有利的。"[1]后来，在选举人民代表过程中，毛泽东同志和中共中央非常注意各民主党派和无党派民主人士在各级人民代表大会代表中所占比例以及对他们的安排。尽管如此，选举就是选举，还是有些民主党派和无党派民主人士没有选上人民代表。为了让各个民主党派和无党派民主人士更好地发挥政治协商、民主监督、参政议政作用，毛泽东同志和党中央做出了一个极其重要的决定，这就是在召开人民代表大会后，人民政协不再代行人民代表大会职权，但还要继续发挥作用。1954年12月19日，毛泽东同志在论述人民政协为什么在召开人民代表大会后还要存在的必要性时，曾经说过："人民代表大会是权力机关，这并不妨碍我们成立政协进行政治协商。各党派、各民族、各团体的领导人物一起来协商新

---

[1]《建国以来毛泽东文稿》（第四册），中央文献出版社1990年9月版，第20页。

中国的大事非常重要。人民代表大会已经包括了各方面,人大常委会是全国人民代表大会的常设机关,代表性当然很大。但它不能包括所有的方面,所以政协仍有存在的必要,而不是多余的。"①

请注意:人大常委会的代表性当然很大,但它不能包括所有的方面。这句十分朴实的话,其政治学意义就是,指出了选举民主势必会使选民形成"多数人"与"少数人"的矛盾,以及选举无法实现"少数人"民主权利的问题。按照毛泽东的思路,选举是民主的重要实现形式,要坚持和完善,同时也要解决选举过程中发生的少数人的权利怎么样实现的问题。他的主张是,选上人民代表的可以到人民代表大会中去行使民主权利,没有当上人民代表的可以在人民政协行使民主权利。也就是说,中国在民主政治实践中找到了破解选举民主难以实现全体人民当家作主的难题。破解的办法就是"选举民主+协商民主"。

党的十八大以后,在以习近平同志为核心的党中央领导下,中国建立了广泛多层制度化的协商民主体系。从中央到地方,不仅有人民政协这样的专门协商机构,还建立或完善了政党协商制度、人大协商制度、政府协商制度、人民团体协商制度、基层协商制度、社会组织协商制度。这样,就形成了选举民主和协商民主相结合的民主政治制度。选举民主,指的是中国的国家和地方的领导人必须在人民代表大会中由人民代表民主选举产生,人民代表必须由选民通过直接选举或间接选举的方式选举产生。协商民主,指的是执政党、政府和基层群众自治组织在做决策之前和做决策之中必须经过一定的程序进行民主协商,以充分听取人民群众的意见。也就是说,在中国,不是在选民投票后就进入"民主休眠期",而是在选民投票后还要通过各个层级的协商民主制度继续参与决策。这是世界上独一无二的"全过程民主"。

尽管我们在民主问题上犯过错误,但哪个国家没有犯过错误?显然,

---

① 《毛泽东传(1949—1976)》(下),中央文献出版社2003年12月版,第315页。

说中国"没有选举""没有民主""不是民主国家",等等,都是对中国极大的误解。新中国不仅一开始就是一个人民当家作主的民主国家,而且始终在为坚持和完善民主制度而奋斗,其中还有许多自己的创造。这些创造不仅属于中国,也属于世界,是中国对人类政治文明的贡献。这对于现在一些正在反思怎么样完善民主制度的西方国家来说,也是可以作为一个案例来研究的。

中国能够在一个14亿人口的国家实现民主,找到能够在本国生根开花的民主实现形式,这本来是应该得到褒奖的。只不过因中国的民主实现形式和西方国家不完全一样,就说中国没有民主,这不能说是公道的。现在,需要反问的是:不是"条条大路通罗马"吗,为什么只允许开筑你们"通罗马"的民主之路,而不允许开筑中国"通罗马"的民主之路呢?

(五)读懂中国,要读懂中国人权思想

人权,又是美国一些政界人士和媒体操纵的一个涉华话题。美国国会通过的一些涉华文件,总是指责中国共产党领导下的中国人民享受不到任何人权,长期生活在令人恐惧的独裁制度下。这种说法在美国和西方社会中广为流传,以为中国真的没有人权。

许多人都不知道,当年起草《世界人权宣言》的人中就有中国的张彭春。他是中国南开大学创始人张伯苓的弟弟,由于他用中国文化理念解决了宣言起草中的许多难题,深得当年主持宣言起草工作的罗斯福夫人的赞赏。

事实上,中国人对人权的重视和追求,不亚于美国人。且不说中国人自古以来就有诸如"有教无类"等许多值得称道的平等和人权思想,近代以来在中国新文化运动中对西方文化的"人权"思想也做过介绍。1915年,陈独秀在创办《青年杂志》(后来的《新青年》杂志)时,创刊号上首先向中国人介绍的西方文明就是"人权"和"科学"。陈独秀后来成了中国共产党的创始人之一,在中国实现"人权""民主"和"科学"等先

进文化也成为中国共产党成立的重要背景。在旧中国,如同毛泽东同志说过的那样:"政权、族权、神权、夫权,代表了全部封建宗法的思想和制度,是束缚中国人民特别是农民的四条极大的绳索。"[①]中国共产党长期浴血奋斗,就是要领导人民挣脱这"四种权力"的束缚,就是要领导人民挣脱帝国主义和封建主义的统治,使中国人民享受到作为一个人应该享受到的尊严和基本人权。

当然,中国人民为人权而奋斗的历史也有着自己的特点,从而使得中国人权思想打上了中国历史的烙印。最典型的案例是1919年1月,第一次世界大战的战胜国在巴黎召开和平会议,中国政府在会上提出取消日本的"二十一条",并要求将德国在山东攫取的各项特权无条件归还中国等,但是这些正当要求都被拒绝了。巴黎和会的决定激怒了中国人民,尤其是激怒了刚刚接受人权、民主、科学理念的青年知识分子。在1919年爆发的"五四运动"中,北京大学等学校的大中专学生走上街头,喊出了"外争国权,内惩国贼"的口号。在那种"强权即公理"的年代,几亿中国人哪有人权可言?也就是说,中国人认识到在一个任人宰割的国家,没有国家的主权就没有个人的人权;中国人个人要有人权,首先是这个国家要有国权,即集体人权。也就是说,中国的民族危机,使中国人在批判自己的封建专制主义政治文化时接受了人权观念;中国民族危机的深化,又使中国人在批判帝国主义的强权政治时深化了对人权的认识,形成了集体人权新观念。这正是中国在发展民主政治过程中尊重和保障人权的一大特点。

需要指出的是,中国共产党不仅是为了实现中国的人权、民主和科学而诞生的,而且为在中国推进民主、保障人权做了大量卓有成效的工作。中国共产党在民主革命时期的中心任务,就是争取民主、人权,包括政治上反对帝国主义、封建主义,经济上争取农民的土地权、工人的结社权和

[①]《毛泽东选集》(第一卷),人民出版社1991年6月版,第31页。

基本的福利，等等。特别是，中国共产党在1949年召开了中国人民政治协商会议，制定了反映和保障中国人民基本人权的《中国人民政治协商会议共同纲领》，建立了人民当家作主的新中国，实现了中国历史上第一次人权大解放。

中国人一提到1949年，就会在耳边回响起一个令人自豪的声音："占人类总数四分之一的中国人从此站立起来了。"这是毛泽东主席在新中国诞生之际宣布的。从那一时刻开始，《中华人民共和国婚姻法》《中华人民共和国工会法》《中华人民共和国土地改革法》《中华人民共和国劳动保险条例》等保障人权的法律法规应运而生，尤其是，中国共产党领导人民制定宪法、进行普选、建立人民代表大会制度，提倡民族平等和团结，建立民族区域自治制度，从制度上保证了人权的实现。新中国成立以来，中国人的人权一步一步地从纲领上的要求变为活生生的现实。这就是历史的真实。

我们还要看到，中国公民的人权是在经济社会的全面发展中逐步实现的。中国是一个世界上人口最多的发展中国家，人口多，人权问题也多。而发展中国家，人权问题也处在发展中。这些基本的国情，给中国人权事业的发展提出了许多国家都没有的巨大挑战。历史经验告诉我们，对于一个普遍贫穷的国家来说，最重要最基本的事情就是要让广大人民有饭吃有衣穿，公民的生存权和发展权是所有的人权中首要的基本人权。从1978年中国改革开放以来，我们在实现由"以阶级斗争为纲"到"以经济建设为中心"的战略转变过程中，得到的一个最重要的认识就是，摒弃"以阶级斗争为纲"，尊重和保障人权。坚持"以经济建设为中心"，更是为了实现和保障人权。中国今天在人权事业发展中所取得的一切进步和成绩，都源于40多年前邓小平提出的工作重点的战略转移。围绕解放和发展社会生产力进行的改革开放，无论是在农村实行家庭联产承包责任制，还是在建立深圳等四个经济特区后大力推进对外开放，无论是推进经济体制改革、科技体制改革、教育体制改革、文化体制改革、政治体制改革，还是推进和谐社会建设、党内民主建设,等等,所有这一切改革和发展,都极大地推进了中国人权事业的发展。改革开放以来这40多年,实现了中国历史上第二次人权大解放。

当然,在中国人权发展的道路上,我们犯过令人痛心的错误,特别是像"文化大革命"时期那样大规模地侵犯人权的错误。但是,我们也必须提出,这些失误都是我们自己纠正的。正由于我们在人权事业的发展过程中经历过令人痛心的曲折,因此我们更加珍惜中国人权事业发展所取得的成果,更加珍惜我们每一个人在中国社会进步中应该享有并已经享有的人权。1997年中国共产党的十五大把"尊重和保障人权"写进党代会报告,2004年第十届全国人民代表大会第二次会议把"尊重和保障人权"写进《中华人民共和国宪法》,标志着中国共产党已经明确地把"尊重和保障人权"作为治国的根本理念和重要任务。

中国的人权事业获得了这么大的进展,但并非完美无缺。正如习近平总书记所说的:"人权保障没有最好,只有更好。"[①]我们清醒地认识到,在全社会特别是在干部队伍中普及人权思想还有许多工作要做,在一些形式主义、官僚主义严重的地方经常发生侵犯人权的问题,尊重和保障人权的机制还不完善,等等。中国在人权问题上要做的工作还很多。因此,对于任何善意的批评,我们都是愿意接受的;对于出现的一切问题,我们都在认真加以解决。

至于国际社会有些人,完全罔顾中国在人权问题上取得的从未有过的进展,而是戴着有色眼镜和偏见对中国喋喋不休地加以指责,尤其是他们把一些在中国犯有侵犯人权劣迹的人捧为"维权英雄",并以他们的"控诉"为据来否定中国,这是十分可笑的。那么,为什么会出现这些现象?这是我们应该深入思考和研究的问题。重要的原因是,第二次世界大战后出现的冷战和在这个背景下形成的意识形态对立依然存在。自从苏东剧变

---

① 见习近平致"2015·北京人权论坛"贺信。

以后,历时近半个世纪的冷战格局终于结束了。改革开放以来,深受冷战之害的中国人果断地抛弃冷战思维,开辟中国和平发展道路,一直到今天提出要与各国人民一起构建人类命运共同体。但是,西方有一些政治家和组织,不仅没有从那种落后的冷战思维中解放出来,还继续用已经过时的冷战思维,包括用冷战中形成的丑化共产党和社会主义的偏见来评论我们的人权事业。殊不知,他们的这种"丑化""偏见"和"指责"恰恰是对中国人的尊严和人权的严重侵犯。

我们坚信,冷战思维的偏执声音是经不起事实检验的,冷战思维抹杀不了中国在人权事业上取得的历史性进步和成就。

(六)读懂中国,从根本上说,必须读懂中国人的价值观

对中国的各种误解,实质都是对中国人价值观的误解。读懂中国,从根本上说,必须读懂中国人的价值观。

首先应该指出的是,人类文明不管是西方文明还是东方文明,都有共同的价值追求。比如和平、发展、公平、正义、民主、自由等,是包括中国人民在内的全人类的共同价值。在中华传统文化中,"和"包括"和平""和谐""和睦""和气"等含义,是一个内涵丰富的崇高的价值追求。"和而不同""和为贵""家和万事兴""和气生财"是几千年来中国人规范自己言行的基本遵循,甚至在战争理论中都强调"国虽大,好战必亡""不战而屈人之兵""化干戈为玉帛"。又比如中国人在几千年前就懂得"民可近,不可下","民为邦本,本固邦宁",把"民贵君轻"作为圣人的格言代代相传,并且形成了民主推举继承人、考试录取人才和官员、廷议决策、民可告官以及制定民约来治理乡村等具有民主特点的制度安排。可以说,中国人的价值观是中华民族几千年文明积淀下来的精华,同时它又和人类其他文明有内在的相通之处,是人类共同价值追求的重要组成部分。

同时,中华民族在自己上下五千年的文明形成和发展过程中,在价值

观上也形成了许多自己的特色。几千年前的中国典籍《礼记》就强调，中国人追求的"大道"或最高价值观是"天下为公"。也就是说，同西方一些国家相比，中国人更强调天下是天下人的天下，而不是某个人的天下。中国人的这种"天下观"是一种集体主义的天下观，而非个人主义的天下观。西方已经有许多人注意到，中国人在价值观上更强调集体主义精神，而非个人主义，这是历史形成的，而非中国共产党刻意灌输的。至于中国人为什么会形成这样的价值观，大家可以深入研究，但首先必须尊重历史。历史会告诉人们，企图以个人主义来取代集体主义是不可能的。尊重中国人，就应该尊重中国历史形成的价值观。

中国人形成这样的价值观，不是偶然的。我们今天讲的中华民族，是在"中华大地"上世世代代艰辛奋斗的各个民族经过漫长的历史融合逐步形成的。在这个历史进程中，中华民族形成了一个团结奋斗的大家庭，并以此为基础形成了集体主义精神。中国地势西高东低，西边是大山、东边临大海，黄河、长江等大江大河贯穿东西，中国人在这片江河滋润的土地上敬天奉祖、耕耘收获。这就是《易经》所描述的"天行健，君子以自强不息""地势坤，君子以厚德载物"的环境基础。但是，也正是这样的地理环境决定了这里每年都会发生洪水泛滥等自然灾害。在漫长的农耕社会中，古代中国人还没有工业化的抗洪机械设备，唯有把劳动力组织起来，并运用自己的聪明才智，才能驯服驾驭奔腾的江河，才能赢得抗洪的胜利。在中国历史上，从大禹治水开始，涌现了一批治水英雄。李冰父子主持的四川都江堰至今为世人称道，老百姓还为他们修建了神庙。在某种意义上，可以说中国人的集体主义精神，就是在这样的历史长河中、在同大自然的抗争中，逐步形成和发展起来的。

需要指出的是，中国共产党人是接受了现代文明精神涵养的人，在强调集体主义精神的同时，并不简单地排斥个人、个性的作用，而是强调要正确处理好个人、集体、国家这三者关系。毛泽东同志在民主革命的时候就说过，建立社会主义要避免"空想"，必须有"几万万人民的个性的解放和个性的发展"①。在领导中国走上社会主义道路的时候,他又明确指出:我们提倡的社会主义精神,是"以集体利益和个人利益相结合的原则为一切言论行动的标准的社会主义精神"②。在建立社会主义制度后,他又在《论十大关系》中强调指出:"必须兼顾国家、集体和个人三个方面。"他还特地指出,这是鉴于苏联的教训提出来的。也就是说,中国共产党强调的"集体主义"和当年苏联共产党强调的"集体主义"是有区别的。

综上所述,"读懂中国"是一篇大文章,但只要认真去"读",不断去"读",就一定能够"读懂"。中国人自己首先要"读"、要"读懂",同时我们也希望愿意同中国交往的人也来读一读中国,以增进对中国历史、文化和现状的了解。在今天复杂的中美关系中,要消弭美国一些人的对华误解,进一步增强中美战略互信,我们也要更耐心地同他们交流,和他们一起来"读懂中国"。

---

① 《毛泽东选集》(第三卷),人民出版社1991年6月版,第1060页。
② 《毛泽东文集》(第六卷),人民出版社1999年6月版,第450页。

读懂中国，就要了解中国人的世界观①

要了解中国人为什么走和平发展道路，了解新一届中国领导人的内政外交思想，就要读懂中国。而要读懂中国，就要了解中华文明的特点，了解中国人的世界观。

这里讲的"中国人的世界观"，不是指这个中国人或那个中国人、这部分中国人或那部分中国人的世界观，而是从中国的历史和文化传承下来的广义的"中国人"，对今天的世界的基本看法。

之所以要提到中国的历史和文化，是因为不论什么样的中国人，不论他今天生活在中国还是生活在美国、英国、法国，他们的言行举止中都打着深深的中国文化烙印。比如，中国人吃饭用的是两根筷子，用好筷子的最大诀窍是平衡和协调。

自古以来，中国人就认为世界是多样性的世界，但同时又认为多样性的世界是可以协调和统一的。比如"群众"（Mass）这个词，在中国叫"百姓"，直译为英语是"Hundred Name"，就是有各种姓氏的人组成的群体。最初，并不是所有的人都有"姓"，只是有身份的人才有"姓"。有姓氏有身份的人之间，自然会有不同的利益需求，甚至会有矛盾，但中国文化要求大家和睦相处，即使遇到矛盾也应通过协商解决，而不要走极端路线。这就是孔子讲的"和为贵""君子和而不同"。

---

① 本文是作者2013年11月3日在"21世纪理事会北京会议——读懂中国"的演讲。

同时，中国人认为世界上的万事万物如同冬去春来是不断更新的；事物这种变化如同日月星辰一样"独立而不改，周行而不殆"，又是有规律的。做人做事，都要懂得这种天下大势，顺势而行。

承认事物的多样性又主张平衡协调，追求和而不同；不断除旧布新又认真求索事物发展的规律性，顺应天下大势。讲中华文明的精华，这就是精华；讲中国人在世界观上的特点，这就是特点。

了解了中国人在文化上、在世界观上这样一些特点，就有助于理解中国人对今天世界的基本看法。

对于今天的世界，中国人是怎么看的呢？

第一，中国人认为，和平与发展是当今世界的时代主题，和平、发展、合作、共赢是时代的潮流。

20世纪80年代中期，中国人意识到世界格局正在发生深刻的变化，东西方之间在走向和平，南北方之间聚焦于发展，和平与发展开始成为时代的主题。世纪之交，伴随着二战以来形成的冷战格局的结束，中国人更是清醒地意识到和平、发展、合作已经成为时代的潮流。也就是说，在今天的世界，冷战思维那一套已经彻彻底底地过时了。

近年来，天下很不太平，中国周边关系出现新变化，邻海主权争议也趋于明显。一些人据此怀疑中国的和平发展道路还能否坚持。但是，中国人认为，和平与发展的时代主题没有变，国际关系大格局和大趋势没有变。中共十八大报告对当今世界的潮流做出了四个词的新判断，即和平、发展、合作、共赢。这个新判断，不仅一以贯之地强调和平、发展、合作，还突出了"共赢"。

党的十八大以来，习近平总书记一而再、再而三地强调中国将一如既往地坚持走和平发展道路，在博鳌亚洲论坛2013年年会上的主旨演讲中，他进一步宣布"中国愿同五大洲的朋友们携手努力，共同创造亚洲和世界的美好未来，造福亚洲和世界人民"。尽管在中国这个拥有13亿多人口的多元的社会里，总有各种各样的声音，有时不和谐的声音还很大，但是最权威的中国声音，无疑是习近平总书记的声音。

第二，中国人认为，世界是丰富多彩的，应该承认世界各个国家人民自己选择的道路。

由于世界各个国家各个地区的历史文化、社会制度和意识形态等各不相同，世界原本就应该是多样化的。但在两极对峙的冷战格局下，各个国家选边站，"两极"掩盖了"多样化"。

世纪之交，两极对峙的冷战格局结束，意味着一个新的世界向我们走来。中国人做出了世界将走向多极化的新判断。当年，许多人并不认同这一点，尤其是冷战的胜利者更不相信世界会走向多极化。

但是，经历了美国"9·11"事件、由美国次贷危机引发的国际金融危机、欧洲主权债务危机等各种危机，伴随着G20等全球治理机构的出现和其他多边高峰论坛的发展，越来越多的人意识到世界格局的多极化是不可避免的。

现在，我们应该做的工作，不是拒绝多极化世界的到来，而是要认真研究在一个多极化的世界里各个国家如何相处，形成一个什么样的新型的国家关系。

第三，中国人认为，由于经济全球化和信息网络化的发展，各个国家之间特别是大国之间利益相互交汇，世界已经成为一个"地球村"，一个命运共同体。

中国人最早意识到世界会走向多极化，中国人也最早注意到这个多极化是以经济全球化和信息网络化为基础形成的。也就是说，这个多极化不是像中国春秋、战国时代各个国家相互称霸争霸的多极化，而是建立在各个国家利益相互交汇、相互融合基础上的多极化。

比如大家广泛讨论的中美关系，尽管双方有文化、意识形态以及社会制度的差异，并带来许多全球利益上的矛盾，但双方利益在多领域多层次上都相互交汇，由此决定了中国离不开美国，美国也离不开中国，大格局是谁都离不开谁。这个大趋势谁也改变不了，无非是怎么把它调整到最佳方位上去。

党的十八大提出，中国要同发达国家"建立长期稳定健康发展的新型大国关系"，就是根据我们对这个世界的认识提出来的。"新型大国关系"，应该讲，是一个新课题，不仅包括中美关系，也包括与其他大国的关系，都要建立起和平发展、合作共赢的新型大国关系。

综上所述，在中国人眼里，今天的世界尽管矛盾错综复杂，但从大格局大趋势来看，这个世界是一个和平发展、合作共赢的世界，是一个走向多极化的世界，是一个利益相交汇、命运相关联的世界。

中国作为世界大家庭的一员，中国与世界的关系是什么样的呢？在中国人的世界观中，包括了中国人对中国与世界关系的基本看法。

对于中国在改革开放中出现的快速发展的势头，世界上有些人很不舒服，认为中国的发展会挤占他们在世界市场上的分量。"中国威胁论"等就是在这样的误读中提出来的。

这种"误读"的发生，不是偶然的，是建立在"国际空间有限"论基础上的，是大国之间零和博弈理论的产物。这种国际关系理论认为，国际空间包括世界市场在数量上是固定的有限的，中国占的分量大了，别人就少了，于是中国就对别人构成威胁了。这种世界观早已为大爆炸宇宙学所否定。大爆炸宇宙学认为，宇宙空间是在宇宙粒子的相互作用中不断扩张的。由于中国的改革开放，为世界增加了一个13亿多人口的大市场，美国和欧洲在内的世界各国在中国的市场份额也不断扩大。中国的和平崛起和快速发展，为世界的发展提供的不是威胁而是前所未有的机遇。

进入21世纪以来，中国与世界关系又出现了深刻的新变化，已经进入一个新的发展阶段。习近平总书记在博鳌亚洲论坛2013年年会上的主旨演讲中指出："亚洲和世界和平发展、合作共赢的事业没有终点，只有一个接一个的新起点。"

新起点也好，新阶段也好，新就新在中国推进了全方位的对外开放，形成了更广泛的利益交汇点，扩大了利益共同体。今天，我们的对外开放，面向的范围比以往任何时候都广泛。不仅面向东亚、美洲和欧洲，而且面向中亚、南亚、非洲。上海自由贸易试验区的设立，更是展现了一种全新的开放局面。全方位对外开放的战略，已经形成。

新起点也好，新阶段也好，新就新在中国积极参与了全球治理。G20，APEC，国际货币基金组织，世界银行，以及其他国际性组织，中国人都参与了，承担起了同自己的国力相适应的国际责任。

新起点也好，新阶段也好，新就新在中国在发展过程中既不挑战国际秩序，又愿意同世界各国，特别是新兴市场化国家一起来推进世界秩序的改革。

新起点也好，新阶段也好，新就新在战略互信基础上，中国以建设性的态度，坚持平等对话原则，和平解决国际关系中的问题，包括解决中国与周边国家之间历史上延续下来的矛盾。

新起点也好，新阶段也好，新就新在中国在同世界交往过程中，未雨绸缪，积极建立多种形式的危机预防和控制机制，把可能发生的危机控制在安全和发展的范围里。

回到我演讲开头所讲的中国人的世界观，什么叫"和而不同"，什么叫"顺应天下大势"，这里讲的中国人对世界的基本看法，中国人对中国与世界关系的基本看法，就是"和而不同"，就是"顺应天下大势"，走中国和平发展道路。

开放性的媒体与大众化的理论①

研究国家治理体系和治理能力现代化问题,其中有一个很重要的问题,就是要研究互联网和大数据时代的舆论引导和理论宣传,研究互联网和大数据时代的"读懂中国"问题。

(一)探索互联网和大数据时代的舆论引导

2019年,世界互联网诞生50周年,中国全功能接入互联网25周年。我们改革开放40周年,我们都经历了互联网的这25年,也是我们搞舆论工作的人遇到的一个非常大的挑战。尤其是在舆论引导方面,这个挑战是前所未有的。

一个长期从事信息管理工作的朋友告诉我们,这几年,我们在信息管理和舆论引导方面,经历了1.0、2.0、3.0阶段。

互联网出来之后,舆论引导遇到的第一个挑战,就是网络信息蜂拥而至,政府应对乏力。于是,我们建立了政府发言人制度,而且要求每一个党政机关都有发言人。这是以政府为中心的舆论引导1.0阶段,简单地说,就是"One to All",一个人面对大家发言。数据在一个人手上,就讲清楚这是怎么回事,有成功的,也有不那么成功的。

---

① 本文第一和第二部分是作者2019年10月26日在国家创新和发展战略研究会、中国人民外交学会、广东省人民政府共同举办的"读懂中国"广州国际会议"国家治理体系和治理能力——文化创新与国际传播能力建设"研讨会的演讲,第三部分是人民网"慕课"的讲授提纲。

后来社交网络、自媒体出现了,"One to All"根本不行了,舆论引导进入以公众为中心的2.0阶段,叫作"All to All"。也就是组织一些人来讲清楚发生的事情,让一帮人来对大家进行舆论引导。

随着大数据的发展,从4G到5G,尤其5G以后,人人都可以成为舆论中心。面对这样没有边界的网络、没有边界的舆论,"All to All"就不适应了,所以我们要探索以每一个民众为中心的舆论引导,不是仅仅以公众为中心,组织一些人来解答公众关心的问题,而是以每一个民众为中心来进行舆论引导。那就是舆论引导3.0阶段,即"All to One"阶段。这个All里面既有政府,也有老百姓和自媒体,大家共同来讨论某一个民众提出来的一个问题。这个阶段工作是相当艰巨的,但是我看谁也躲不开这一阶段。

(二)改进互联网和大数据时代的理论宣传

在信息化和大数据环境中,不仅媒体成为开放性的媒体,理论也应该成为大众化的理论。这就要讲到我的本职工作。

我是搞了一辈子理论工作的人。马克思在《〈黑格尔法哲学批判〉导言》中曾经指出,"批判的武器当然不能代替武器的批判,物质力量只能用物质力量来摧毁,但是理论一经掌握群众,也会变成物质力量。理论只要说服人,就能掌握群众;而理论只要彻底,就能说服人。"[①]这段精彩的论断,今天依然是指导我们在互联网时代推进理论创新的指导思想。

其实,马克思主义经典著作家不仅是他们思想理论的创新者,而且也是致力于将思想理论被群众所掌握的实践者。我经常对朋友们讲,我们今天搞理论工作,谁都达不到马克思、恩格斯的水平。你读读马克思主义的标志性著作《共产党宣言》,多么精彩的一篇文章!这样一部典范性的著作,它通篇是一篇散文。"一个幽灵,共产主义的幽灵,在欧洲游

---

① 《马克思恩格斯文集》(第一卷),人民出版社2009年12月版,第11页。

荡。"①散文般的语言,从头到尾,散文式的话语一句一个自然段。没有我们的理论文章那种八股味,也没有"首先""其次""再次"那样的表述,不仅内容精到,文字和表达也极其漂亮。毛泽东同志在延安的时候,说"亭子间的人弄出来的东西有时不大好吃,山顶上的人弄出来的东西有时不大好看"②。他很幽默。当年,国民党统治区的文化人写出来的东西有许多是很晦涩的,所以说"不大好吃"。而来自革命根据地的文化人写出来的东西,有的确实没有文采,所以说"不大好看"。怎么使得我们写出来的东西既好吃又好看,毛泽东同志提出的这个问题,很值得玩味。不大好吃,不大好看,其实都影响到它的传播度和读者接受度。这个说法,对于今天的传播和理论工作,仍然是值得注意的。

我们现在的理论文章,许多文章既不好看,也不好吃,形式主义特别严重。理论如何为群众掌握?习近平同志在这方面为我们做出了很好的表率。在习近平同志的两本书——《摆脱贫困》和《之江新语》中,他用的是群众的语言,阐述的是群众的实际,因而很容易"掌握群众"。《摆脱贫困》这本书从其书名就可以看出,是要"摆脱贫困",那一定是有贫困的事实前提。习近平同志在书里写道,他当时到基层去考察调研,发现一个乡机关办公室里挂满锦旗,这个优秀,那个第一,唯独没有经济第一的。于是他说,像这样的地方,如果你什么都好,经济没有搞上去,那至多也是只有苦劳没有功劳,经济搞上去才有功劳。这其实就是邓小平同志讲的"发展是硬道理""贫穷不是社会主义",习近平同志用了非常实际的活生生的案例来阐发邓小平同志的思想,非常浅显易懂。

此外,还要说一点。理论文章要适应互联网和大数据时代的要求,编辑也是一个重要因素。编辑可以把一篇面面俱到的平庸的文章编成一篇

---

① 《马克思恩格斯文集》(第二卷),人民出版社2009年12月版,第30页。
② 《毛泽东文艺论集》,中央文献出版社2002年4月版,第13页。

重点突出、观点鲜明的好文章，也可以把一篇颇有创意的好文章编成一杯没有味道的"白开水"。建议我们的编辑要从传统理论文章的所谓模式中解放出来，从标题、摘要、文章分段、内容取舍到文风都要来一个革命。甚至可以把一篇长文章分成几个片段，放到年轻读者喜欢的"今日头条""快手"中去发表。总之，理论文章的大众化是一篇还没有破题的大文章，需要理论工作者和媒体编辑共同来努力。

（三）增强互联网和大数据时代的国际话语权

我们在这里开的是"读懂中国"的国际会议。在信息化和大数据时代"读懂中国"，是一门大学问。

习近平总书记说过，长期以来，我们中国存在"落后挨打""贫穷挨饿""失语挨骂"这三大问题。现在，"挨打""挨饿"的问题已经基本解决了，但"挨骂"的问题还没有解决。我们有许多工作做得非常好，但会做不会讲，传播不出去。这种情况长期不解决，有损中国的国际形象，会影响我们的全局工作。

传播力决定影响力，话语权决定主动权。在世界范围"增强国际话语权"，是习近平总书记对我们新闻舆论工作提出的要求。

这里，有三个问题是需要我们重视的：

一是，信息流进流出的"逆差"。中国改革开放后，信息流进大于流出，许多人受外国舆论影响大，而我们的舆论在外国影响小，致使许多问题的话语权掌握在人家手里。

二是，中国真实形象和西方主观印象的"反差"。新中国和旧中国相比，换了人间；改革开放前的中国和改革开放后的中国相比，更是天翻地覆。但是，西方许多人没有来过中国，他们对中国人的印象还是旧中国的甚至是大清朝留长辫子的形象。至于改革开放后到过中国的，有的也受到西方舆论的影响，认为中国的进步不是"中国特色社会主义"带来的，而是"中国特色资本主义"带来的。中国形象"失真"是一个大问题。

三是，软实力和硬实力的"落差"。改革开放以来，我国经济快速发展，综合国力明显增强，在硬实力方面取得了举世瞩目的成就，但是在软实力方面还存在很大"落差"。应该讲，在软实力中，也不能一概而论，这几年，国家的凝聚力已经获得明显增强，但文化影响力特别是中国人的价值观被普遍认同的程度，以及中国参与国际机构等方面还有很大提升的空间。

习近平总书记要求我们增强国际话语权的实质，不是别的，就是要通过增强我们的信息传播力扩大国家影响力，通过增强我们在国际社会的话语权来增强国家的软实力。

近年的实践告诉我们，讲故事是增强国际话语权的最佳方式。习近平总书记不仅提倡在国际交流中讲中国故事，而且指出，讲故事就是讲事实、讲形象、讲情感、讲道理。人的认识规律，是从感性到理性，做舆论工作要符合这个规律。包括我们做理论工作的，跟人打交道，一开口就是一套大道理，谁听你的。只有尊重人的认识规律，从一件件具体事情讲起，从一个个生动故事讲起，人们才能懂得我们为什么要这样做，做的道理是什么。"读懂中国"就是讲中国故事，讲真实的中国故事，讲发展中中国的故事。我们要学会"讲故事"，因为讲事实才能说服人，讲形象才能打动人，讲情感才能感染人，讲道理才能影响人。

由于中华文明不同于西方文明，讲中国故事的过程实际上是不同文明之间的交流过程。其实，不同文明中是有共同的东西的，比如大家都喜欢和平、发展、合作、公平、正义、民主、自由，这是人类共同的价值观。因此，我们应该在文明的交流互鉴中，而不是在文明冲突中，增强各个国家不同文明之间的相互认同。当然，不同文明会有种种不同，我们可以求同存异、求同化异，或者求大同存小异、求大同化小异。一个多样化的世界总要比单一化的世界更美丽。

在信息化和大数据时代，人们获得的信息要比历史上任何时候都要多,都要快,这对于国际交往和文化交流来说是非常好的条件。因此,我们要借助这样好的现代化渠道,进一步讲好中国故事,传播好中国声音,让更多的人"读懂中国"。

我们这样做的目的是什么?用一句话来表达,就是:让世界爱上中国和中国人!

后 记

许多朋友都知道，我是从事马克思主义中国化思想史研究的，写的文章和出版的著作主要论述的是党的领导人和文献中的思想理论。这本书尽管研究的也是习近平总书记的人类命运共同体思想，但毕竟是国际问题，所以要交代几句。

我涉猎国际问题研究，是因为原中央党校常务副校长郑必坚2002年离开领导岗位后，建议中央针对西方一些国家出现的"中国威胁论""中国崩溃论"，向国际社会阐明我们的和平崛起战略道路对世界的意义，由于当时我在中央党校分管科研工作，中央领导同志批示要我协助郑校长开展这一研究工作。就这样，我参与了"中国和平发展道路""经济全球化""利益交汇点""利益共同体""人类命运共同体"等一系列国际问题的理论研究。与此同时，由于中国在世界上的影响越来越大，党政外事部门需要一些学者在大大小小的国际会议上介绍中国的情况，回应外方的关切，这也给像我这样以研究国内问题特别是党的问题为主的学者提供了一个新的平台。当然，还有出访、接待外宾等工作，也需要我们深入思考和研究一些国际问题。由于这几个方面的因素，近年来，我在一些国际问题上发表了一些文章、讲话和发言。这是这本小书的基础。

这次之所以要编辑出版这本书，完全是因为"被感动"的原因。4月底，人民日报出版社的小万来电，说在报刊经常看到我的文章，希望我能够把这些文章汇编由他们出版。由于我手头事情很多，没有精力做这件事，他就主动去搜集我的文章。5月初，他把文章发给我后，没有几天就问我编好了没有。多么热心的年轻人，实在让人感动！我迟迟没有回话，主要是因为这些文章涉及许多主题，不好编。在两难的情况下，一天早晨醒来，突然出现一个灵感，我写的关于人类命运共同体和国际问题研究的文章是不是可以编一本书呢？况且，我正在主持一个关于人类命运共同体的科研项目。于是，就形成了读者面前的这本小书。

这本小书选编的文章，我给它取了一个大题目："人类命运共同体：中国人的世界梦"。因为在这本小书里，集中思考和回答了一个问题：在两极格局解体后，"一超多强"的世界正在向多极化世界演变，世界各个国家在这样的百年未有之大变局中应该如何相处？我们中国又应该怎样按照习近平总书记提出的"构建人类命运共同体"的理念去做工作，推动这个梦想的实现？

这些问题，都是需要深入讨论的，这本小书就算是参加讨论的一个发言。谢谢！

2020年夏